ſcipe verbum virgo maria quod tibi
a domino per angelum tranſmiſſum
eſt concipies et paries deum pariter et
hominem. Ut benedicta dicaris inter
omnes mulieres. ℣. Paries quidem fi
lium et virginitatis non patieris detri
mentum: efficieris grauida et eris ma
ter ſemper itacta. Ut benedicta. Glo
ria patri. Ut benedicta.

In laudibus. añ.

Miſſus eſt gabriel angelus ad
mariam virginē deſponſatā
ioſeph. ps. Dñs regnauit. ā. Aue ma-
ria gratia plena dñs tecū: benedicta
tu in mulieribus et benedictus fructus
vētris tui alleluya. ps. Jubilate. añ.
Ne timeas maria inueniſti gratiam
apud dñm ecce cōcipies et paries filiū
alleluya. ps. Deus deus meus. añ. Da
bit ei dñs ſedez dauid patris eius et re
gnabit in domo iacob ineternum. ps.
Benedicite. añ. Ecce ācilla dñi: fiat

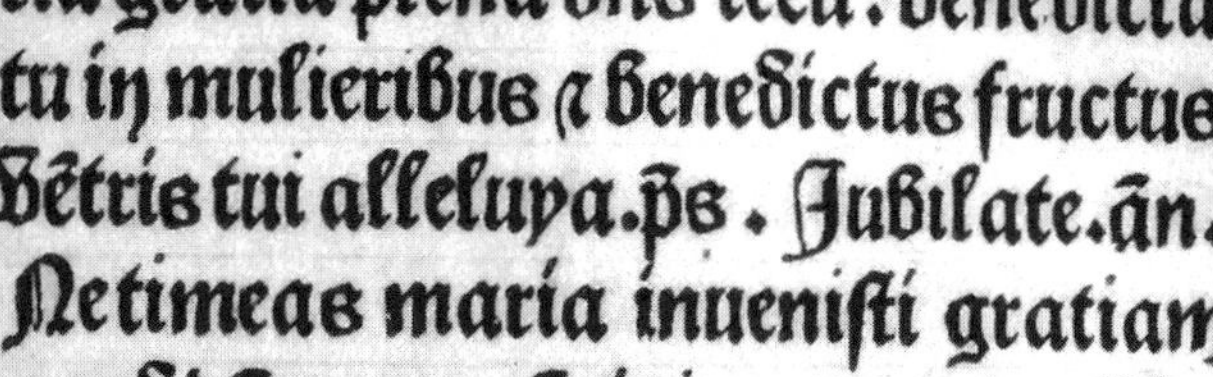

監修者――佐藤次高／木村靖二／岸本美緒

［カバー表写真］
ランカシャーのラフォード・オールド・ホール。
中世末から16世紀に建てられた木造の大広間（ホール）をもつ領主館。
ラングリィ家のリクリング・ホールはこのような建物であったかもしれない。

［カバー裏写真］
彩色細密画をもつ個人用祈祷書（時祷書）の零葉
（15世紀中頃、フランス）

［扉写真］
時祷書の零葉。文字と装飾部分は羊皮紙に印刷され、
一部の文字には手で彩色が施されている。
（16世紀初、パリ）

世界史リブレット105

中世のジェントリと社会

Arai Yukio

新井由紀夫

目次

史料を読むとはどういうことか

三頁の史料の写真から思いつくことをなるべく多く並べてみよう。どちらが表でどちらが裏か、文字はきれいか汚いか、なぜ端がギザギザなのか、下部にぶら下がっているものはなにか。

中を読んでいこう。なぜびっしり書かれているのか。大文字で書かれているところに意味はあるのか。冒頭の文字飾りはなにか。裏も見よう。カギ印などはなにを意味するのか。

それぞれに意味がある。その解釈を考えていくなかで、生の史料には非常に多くの情報が詰まっていて、読んでもらうのを待っていることに気付くだろう。さあ、史料への旅を始めよう。

▼**印章**　証書下部にいれた切り込みに羊皮紙細片をとおして下げ、熱してやわらかくした蠟の印章で羊皮紙細片をはさんで封緘《ふうかん》し、金属製の母型で刻印した。五頁写真(左)参照。

写真の史料は、羊などの獣皮を伸ばしてつくった羊皮紙に、鉱物性のインクで書かれている。皮なので触ってみればよくわかるが、表と裏がある。インクが乗りやすく、文字の多く書かれているほうが表である。実際には皮膚が肉に接している内側(フレッシュ・サイド)が表、外気にあたる外側(ヘアー・サイド)が裏となる。この史料に書かれている文字は、やや素人っぽく、一部には書き損じを修正したり、飛ばして書いてしまった言葉を、挿入記号(V)を用いて上に小さく書き加えたりしている。下部に何かがぶら下がっている。これは、一部壊れてしまっているが、印章▲という印鑑のようなものである。よく見ると羊皮紙の両端に等間隔でピンのようなものであけた穴があいている。これは文字を書くために糸を張るためのピンをさした穴であろう。糸などを用いてルーラーとし、真っ直ぐにはみ出さないように文字を書いていったものと思われる。冒頭の飾り文字や、印章を付すやり方などは古くからの文書形式を守っているが、近世になると素人でもこのような文書を書くような時代になっていたことがわかる。大文字で書かれている部分とそうでない部分にどのような意味の違いがあるのかは、あまり法則性がないのでわからない。

●―結婚にまつわる土地譲渡証書(十七世紀)

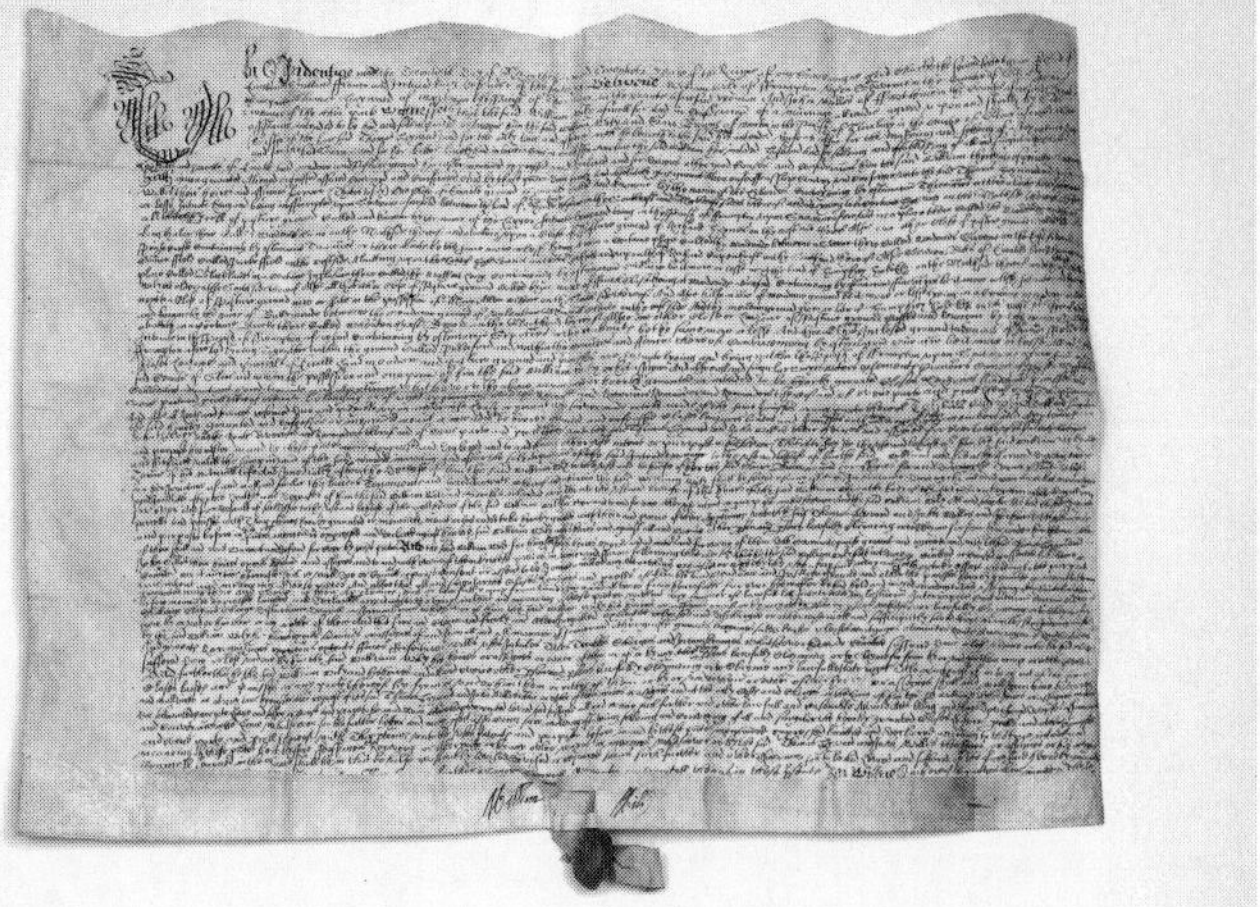

証書全体(表)

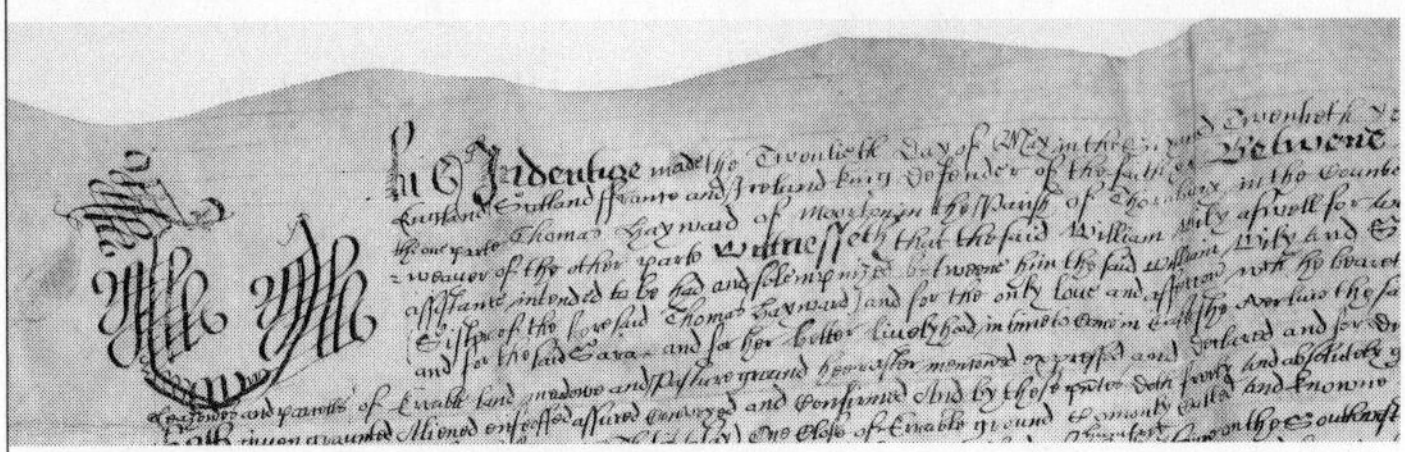

証書(表)**上部、冒頭の飾り文字と上部のギザギザ**　冒頭1行目は、T（飾り文字）his Jndenture made the Twentieth day of May in the Six and Twentieth……（この歯形証書は……〈治世〉第26年の5月20日に作成された）と読める。

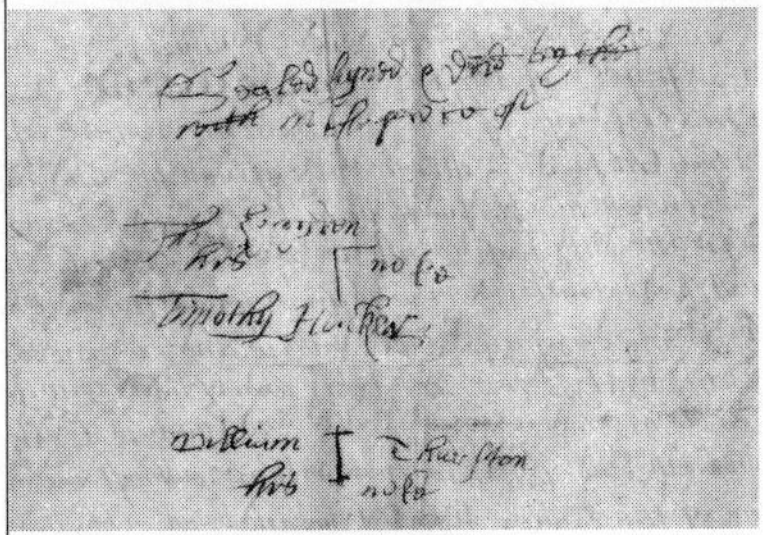

証書(裏)**、証人による署名部分**

Sealed signed and deeded ~~by the~~			紋章を付し書名し証した ~~によって~~		
~~with~~ in the pre(sen)ce of			以下の者たちの面前で		
Th(omas) Hengdon			トマス・ヘンドン		
his	「	m(ar)ke	彼の	「	印
Timothy Houker			ティモシー・ホウカー		
William	‡	Thurston	ウィリアム	‡	サーストン
his		m(ar)ke	彼の		印

文章は英語で書かれていて、イギリス国王チャールズ二世▲の治世第二十六年すなわち一六七四年五月二十日に、イングランド北部、グロスター州のヨーマン▲であるウィリアム・ウィリーと、トマス・ヘイワードらとの間で取り決められた不動産譲渡に関するインデンチュア証書である。

この当時は、契約の両当事者が、同じ内容の証書二枚をつくり、おたがいに署名と印章をつけて一枚ずつ持ち合うというやり方がふつうだった。そのさい、一枚の羊皮紙の上下に同じ内容を書き、上下の境目を波形に切り取るやり方で二枚の証書をつくると、あとで問題が起こった場合に当事者双方がもっているそれぞれの証書の切れ目を合わせたときに、ぴったり一致していれば、おたがい正真正銘の証書をもっていることが確認できて便利だった。このような勘合符のような用いられ方をした証書を、インデンチュア（歯形・波切り形）証書と呼んでいる。三頁の写真の文書は、上端が波形に切り取られており（といってもすでに波形は装飾化してしまっていて、署名や印章のほうが確かになっていたのだが）、文書の折り返した下端には、ウィリアム・ウィリーの署名があるので、もともとは、トマス・ヘイワードらが所持していた証書だったと考えられる。

▼チャールズ二世（一六三〇～八五）　ステュアート朝のイングランド、スコットランド、アイルランドの王（一六六〇年五月二十九日～八五年二月六日）。王政復古によって即位。彼の治世年は、父チャールズ一世処刑（一六四九年一月三十日）後、王政が廃止されていた期間も加えて表記された。したがって治世第二十六年とは、一六七四年一月三十日から七五年一月二十九日までとなる。

▼ヨーマン　独立自営農民。ジェントリの下に位置し、中世末以降の農村における中間層。

エリザベス朝（十六世紀）**の証書**（右）**と印章**（左）　プロの筆跡によりラテン語で書かれている。

内容は、トマス・ヘイワードの妹サラ（ブラウン未亡人と書かれているので、再婚であったことがわかる）と、ウィリアム・ウィリーとの結婚にさいして、ウィリアムは、自分がもし先に死んだ場合にサラが再婚することなく暮らしていけるように、ある程度の土地財産を、あらかじめ第三者のグループに譲渡しておくことを取り決めたものである。これを寡婦産《かふさん》の設定という。ややこしいが、説明するとこういうことになる。

まず、第三者のグループ（この文書の場合は、妻となる人の兄〈トマス・ヘイワード〉と、たぶんその親戚）に、一定の土地財産を譲渡することを文書に明記する。次に、譲渡する条件として、夫婦が生きている間はそれらの土地財産からえられた収入（年収）のうちの一定額をウィリアム夫婦に与えること、もし夫ウィリアムがさきに死去した場合には妻（未亡人）サラが生きている間は、サラにその額を与えることを明記する。第三に、両者とも死去した場合には、両者の結婚から生まれた子どもが、その額をえることを明記する。

このようにして、いわば信託（ユース）にすることで、夫の死の直後から、妻の手に生活費が滞りなくわたることを目的としてつくられた証書である。夫の死後、相続税計算のために（死後審問という）一時的に妻が夫の財産を勝手に使うことができなくなる場合があるが、そのような事態になっても妻が生活に困らないようにすることが第一の目的である。しかし同時に、信託をされた側は、譲渡された土地財産を有効に運用するなら、この証書で取り決められた一定年額以上の収入をえることも十分可能だった。

しかし周到な準備のわりには、中に書かれている肝心の土地は少ない。少ない土地にもかかわらず、文書はとてつもなく長々とびっしりと書かれているのはなぜだろうか。

まだこの時代には、土地をあらわすのに便利な地番などなかった。そこで、土地や畑の位置を正確にあらわそうとすると、例えば東側は誰々の「ものなりの良い畑」という名で呼んでいる土地に接していて、境に池があり、北側の境は……といった具合に長々と述べるしかなかった。さらに、信託という契約の都合上、子どもが生まれた場合、生まれなかった場合など、可能なかぎり起こりうる事態を想定して記述する必要があった。こうして文書は長くなった。また、余分な隙間をつくっておくと、あとで都合が良いことを書き込まれて条件が変わってしまう恐れがあったから、びっしりと書き込まれている。海外などで小切手を切るときに、金額部分を数字と文字との両方で、しかも隙間なく書き込む理由と同じなのである。

裏面には、この契約の証人の名が書かれている。名前からして三人だが、よく見ると上から一人目と三人目には名前と名字の間にそれぞれ違う印が書き込まれている。もっとよく見ると、三人分とも筆跡がほとんど同じであることに気が付く。上部に書かれた「誰々によって証明する」という部分の「誰々によって」が消されていて「誰々の面前で」となっている。つまり少なくとも二人は本人による直接の署名ではなく自分の名前すら書けなかったということになる。カギ形〔⌐〕や、〔+〕形(タテに棒線を引き、そこに人差し指をあてて、第二関節の長さにあわせて印をつけることは、日本の文書でもよくあるという)のマークで記されている点も興味深い。署名する本人は自分固有の印で、自分が記したものかどうかは判別できたということだろう。さきほど述べたように、証人になる者たちは、その地域の事情に詳しい在地の人物でなければ、肝心の土地がどこでどのようなかたち・広さかを正確に述べることはできなかった。したがって、たとえ字を書けない（自分の名を記すことができない）者であっても、証人に選ばざるをえなかったのである。自分の名前も書けないくらいだから、当然このような長い複雑な文書は読めなかったことだろう。それでも、在地の確かな記憶をもった人々が、記憶に基づいて証明してくれることが重要だったことがわかる。

このように見てゆくと、一つの史料がさまざまなことを語りかけてくれるということがわかってきただろう。では、いよいよ中世イングランドのジェントリ▲の史料に挑戦してみることにしよう。

▼ジェントリ　代々引き継がれた生まれの良さにもとづく身分という意味で、十四世紀末から用いられるようになった言葉。中世イギリス史では、代々の所領保有と生まれの良さにもとづく身分として、貴族身分のなかの最下層を指す語としてジェントリを広く用いている。十四世紀半ばから十五世紀前半にかけて、爵位や称号をもち、個人宛て令状によって議会（貴族院）にいつも召集されるようになった固定した貴族層（ノビリティ）と、州などの地域代表として議会ごとに選ばれ、議会（庶民院）に召集されるノビリティ以下の地方領主層、すなわちジェントリとの二層分化が進行した。しかし貴族以下であっても、ジェントリは、その「家名」の価値と所領保有にもとづいて自分たちの優越さを主張するような、地域の支配的エリート集団であった。階層分化の進展にあわせて、十六世紀末頃からジェントリという語は、貴族の下の社会階層を示す言葉としてしばしば使われるようになっていく。

①—動産目録の謎を解く

謎の動産目録

イギリス国立公文書館に保管されていた十五世紀のジェントリであるラングリィ家の家政会計記録(一一頁)を見ていこう。この会計記録▲には、同じ筆跡で、ラングリィ家とは関係がなさそうな人物(アラン・ハーパー)の動産目録と思われる書類が綴じ込まれていた。さらに動産目録が書き込まれたこの用紙だけ、写真ではわかりにくいが、もともと四つに折りたたまれていたような跡があった。その裏側は折りたたんだ横方向に書き込みがされていて、明らかに他の部分とは内容や書式が違っていた。日々どのような食料を購入していたのかというこの史料のいわば本体を見る前に、まずこの動産目録の内容を見てみよう。あわせて、誰がなんのためにこれを記録したのか、またなぜ捨てられずにとっておかれたのかを考えよう。そうすることで、この会計記録を検討していくうえで必要な準備作業について確認してみよう。

一一頁に示した第三葉▲の動産目録からはなにがわかるのだろうか。以下四つ

▼会計記録　ラングリィ家の家政会計記録を作成したのは、料理頭のサイモンである。ところでこの動産記録に記されている証人名がすべて本文部分と同じ筆跡であることから、この史料はオリジナルの写しであることがわかる。また家政会計記録の本体と同じ筆跡であることから、本体の記録を作成した料理頭のサイモンが書いたものであると考えられる。

▼葉(よう)　史料の一枚のこと。フォリオともいう。一頁、二頁、三頁、四頁……ではなく、第一葉表、第一葉裏、第二葉表、第二葉裏……というように数える。また、冊子体からはずれた断片を零葉《れいよう》と呼ぶ。

小作農の家の想像図

ピューターの皿　十五世紀末、ヴィクトリア・アンド・アルバート博物館蔵。

の素朴な疑問を出発点にして読み解いていこう。

(1)アラン・ハーパーがもっていたものはなにか。

(2)当時の荘園の生活について、ここからどんなことがわかるだろうか。

(3)ハーパーの持ち物が記録された理由はなんだろうか。記録の写しはなぜ家政会計記録のこの部分に挿入されたのか。

(4)ハーパーはどんな人物だったのだろうか。

アラン・ハーパーがもっていたもの

動産の区分からまずわかることは、ハーパーが住んでいたのは、居間と独立した寝室をもつ立派な家だったということである。中世の貧しい小作農は多くの場合、一つ屋根の下に簡単な仕切りで家畜をいれる空間と、人が生活する空間を分けており、独立した寝室をもつ余裕はなかった。そればかりかハーパーは広間(ホール)のある家をもっていたことになる。広間には、銀製食器こそないが、ラタンやピューターのマグ・水差し・燭台、刺繍入りのクッションがあった。ピューターとは、スズを主体とする鉛などとの合金のことで、「しろめ」

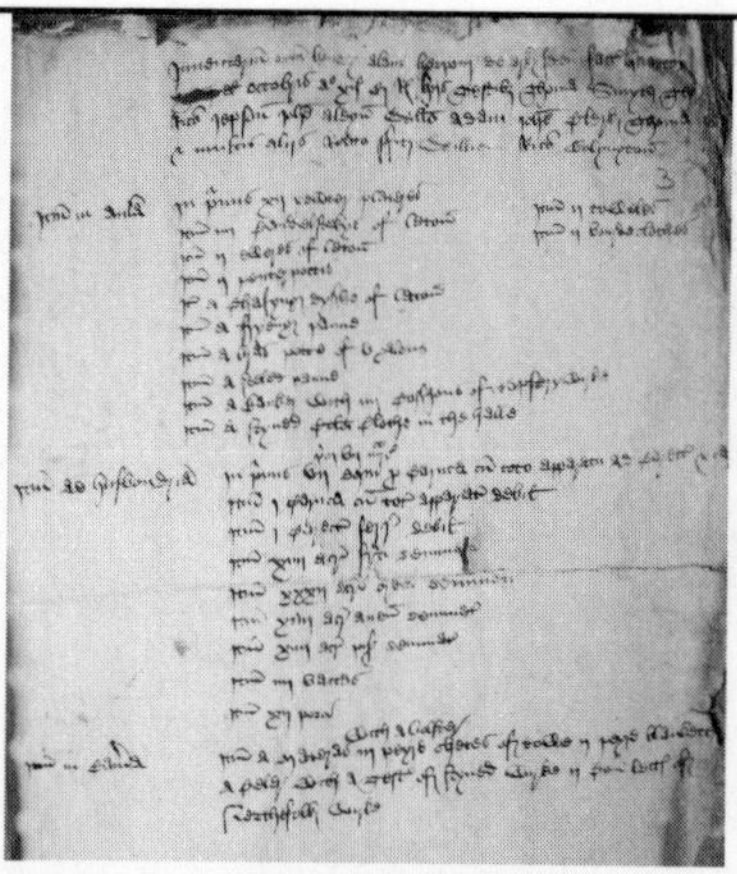

●―ラングリィ家の家政会計記録、第三葉の表に記されていた動産目録

アークスデンのアラン・ハーパーが所有していた全動産の目録、国王エドワード4世治世第13年（1473年）10月4日作成。証人は、トマス・スミス、トマス・……、リチャード・ジェプソン、ジョン・アラン、ウィリアム・アダム、ジョン・クラーク、トマス・G……、およびその他多くの者たち、ロバート・フィッツウィリアム、リチャード・ボリントン。

広間にあった動産　最初に、ピューター製皿12枚

一、ラタン製燭台4
一、ラタン製広口の取っ手付き水差し2
一、ピューター製のマグ2
一、ラタン製のこんろ付き卓上鍋1
一、フライパン1
一、5ガロン（約23リットル容量）の真鍮鍋1
一、シチュー鍋1
一、タペストリのクッションが4つ付いた長いす用布類1
一、居間用の染めの布類1
一、タオル2
一、食卓用クロス2

評価額7マルク（＝4と2/3ポンド）

農夫としてもっていた動産　最初に、犂用の馬7頭、犂を引き、荷を運ぶ用具を含む

一、犂1台、付属用具一式付き
一、鉄製タイヤ付き荷車1台
一、種蒔きされた小麦（を収穫する権利）14エーカー
一、種蒔きされた大麦（を収穫する権利）32エーカー
一、種蒔きされた燕麦（を収穫する権利）14エーカー
一、種蒔きされたエンドウ豆（を収穫する権利）14エーカー
一、牛4頭
一、豚12匹

寝室にあった動産

一、長枕付きベッド枠とマットレス1式、麻くずのシーツ3セット、毛布2セット、染めた布製天蓋をもつベッド覆い、ノーフォーク織りのベッドカヴァー2

ラタンの燭台　十五世紀、フランドル。

チェーフィング・ディッシュ（中央）　十六世紀、ロンドン。

ともいう。よく磨かれたものは銀製食器と見まごうほどである。またラタンとは、黄銅の合金であり、これもまたよく磨くとロウソクの光を受けて金のように輝いたであろう。つまりハーパーは、ジェントリのように銀製食器や金製燭台こそもっていないが、金銀でできているかのように輝いて見えるような、それなりに値の張る代用品はもつことができる身分だったことになる。

こんろ付き卓上鍋（チェーフィング・ディッシュ）は、中世の場合、ふつうは陶器製のコンロで温めることによって料理が冷めないようにする工夫をした宴会用の容器である。ハーパーはラタン製のものをもっていた。

マグや食卓クロスやタオルが二つということから、日常的に住んでいたのはおそらく一人ないし二人だったと想定される。しかし一二枚セットの皿や調理用大鍋、それに四基もの燭台の存在は、ある程度の客の接待が可能であったことを意味する。タペストリのクッションも宴会用の贅沢品といえよう。

寝室に目を転じると、天蓋付きのベッドをもっていたことがわかる。シーツは麻くず製だが、ベッドカヴァーはノーフォーク織り▲や染めた布製という贅沢なものであった。貧しい農民であれば、持ち物は木製の皿か陶器がせいぜいの

ベラスケスの絵に見られるチェーフィング・ディッシュ（十七世紀）

▼ノーフォーク織り　イングランド、ノーフォークでつくられた、緻密で丈夫な毛織物。ウーステッドともいう。

ところであり、また接待のために食器をセットでそろえておく余裕などなかったであろう。陶器・木製品が記録されていないのは、それらの多くがあまり価値の無いものであったからであるが、服装類が記録されていないのはなぜだろうかという疑問が残る。しかしいずれにせよ、これらの持ち物からしてハーパーは、かなり富裕な農民層に属していたに違いない。

当時の荘園生活

アークスデンは、ラングリィ家の館があるリクリング・ホールから北西に五キロのところに位置し、ラングリィ家の保有荘園があったところである。ハーパーはそこで農夫として領主であるラングリィ家から保有していた犂《すき》耕作地で、小麦・大麦・燕麦《えんばく》・エンドウ豆の作物を育てて収穫する権利をもっていた。しかしハーパーの保有地が、畑や持ち分地（地条《ちじょう》）の具体的な名前、あるいは誰々の畑の隣とか村境の小川から西部分といったように具体的な位置をともなって明記されておらず、耕作・収穫の権利だけが記されているのはなぜだろう。

それはハーパーが住んでいたこの荘園を含む地域では、年によって耕作する

開放耕地制　ウスターシャ、キルペックの中世廃村遺構。

場所が移動する開放耕地制を採用していたためであろう。村の住民全体で、どこを耕作地にあて、どこを休閑地とするかを年ごとに取り決め、その耕作地のなかに住民それぞれの保有権に見合った地条を年ごとに割り当てていたから、ハーパーが権利としてもっている広さを明記すればそれで十分だったのである。それにこのシステムはきちんと運用するならば、公平なやり方でもあった。当時の荘園記録を見ると、石ころの多い土地、やせた土地、水はけの良い畑、日のあたる畑、といった意味の土地区分の名前が並ぶ。収穫の少ない土地をずっと割り当てられることがないよう、おそらくくじ引きなどでその年の地条割り当てを決めていたのではないだろうか。もっとも村落内の力関係によっては、不公平な割り当ても生じたに違いない。ハーパーの持ち分地は合計七四エーカーであった。これは少なくとも数家族をやしなうのに十分な広さであり、村落内で上層に属していたことがここからもわかる。ただし、ここでいっている一エーカーが現在の一エーカー（約四〇〇〇平方メートル）と同じ広さをあらわしていたとはかぎらない。村や荘園により異なっていたが、当事者同士で了解できていればそれでよかったからである。ハーパーは、大麦を蒔いているこの村の畑から三二エーカー分（持ち分地の約半分）の収穫をえる権利があった。そして小麦と燕麦とエンドウ豆を蒔いているこの村の畑からそれぞれ一四エーカー分の収穫をえる権利があった。小麦はおもに商品作物として秋に蒔きつけ、翌年七〜八月に刈り入れるものだった。ほかは春蒔き、秋収穫であり、大麦はオートミール用やエール（ビール）のもとになる麦芽をえるために、燕麦はおもに馬の飼い葉として、エンドウ豆は貴重なタンパク源であった。なお、ここからだけでは、村落共同体としての共同耕作や耕作強制▲をともなう三圃《さんぽ》制であったのか、それとも単なる三年輪作システムをとっていただけであったのかについてはわからない。

ハーパーはほかに家畜として馬や牛や豚をもっていた。耕地を深く耕して畝《うね》をつくるための大型の犂はふつう二ないし四頭の牛で引いたが、馬と牛をそれぞれ二頭ずつつないだものを複数組み合わせて用いることもあった。御者は鞭を使い、あるいは声をかけて牛馬を操った。並んだ二頭を同じ頭文字の名前とし、御者近くの牛には一音節からなる名前を付け、御者から遠い側の牛には二音節からなる名前を付けて区別したという。そうすることで掛け声によってど

▼**耕作強制**　開放耕地制をとる中世ヨーロッパの農村では、耕地を村全体で区画整理し、作物の種類や収穫時期などを決め、犂で耕し、種を蒔き、収穫を共同作業でおこなった。これを耕作強制という。

▼**ピーター・コス**　イギリスの中世史家。カーディフ大学名誉教授。『ジェントリの起源』(二〇〇三年)、『ジェントリとしての生活様式の形成過程――フランプトンのムルトン家とその世界、一二七〇―一三七〇』(二〇一〇年)などの著作がある。

ち側かの牛だけをせかして犂を自在にあやつり、真っ直ぐに畝立てすることができたという。

　ハーパーは七頭もの馬と犂一台をもっていたので、自前の家畜で犂隊を維持できたことになる。馬は牛よりもえさ代がかさむが、そのかわり効率よく犂耕ができる。また畑の土をならす馬鍬《まぐわ》も引ける。一四エーカーの燕麦はこれら馬の飼料であったろう。コス▲によれば、これは、この地域ではより先進的な集約農業がおこなわれていたことを示唆しているという。懐かしい思い出になるがここで白状しておくと、文書の「馬」の文字のところがどうしても読み取れず、ちょうど来日していたコスに文書を見せて聞いてみたら、それは馬だよと、この地域は随分と進んでいるねと教えてもらったのである。さらにハーパーが保有した荷車には鉄製の車輪が付いていたが、これも先進的であった。犂で耕す作業や収穫作業は、村落内でみな、ほとんど同時進行であったから、犂につなげる家畜なら種類が異なってもなんでも利用したらしい。たがいに、道具や家畜の貸し借りや、人手を融通しあってなんとかしのいだのだろう。なおハーパーの動産記録には羊がでてこないため、羊毛生産にはたずさわっていなかっ

●—「ラットレル・ソールター」の挿画　「ラットレル・ソールター」はリンカンシャのジェントリであった、サー・ジェフリー・ラットレルのために、十四世紀初頭につくられた個人用祈祷書。周縁部分に、ラットレル家の繁栄を誇示するかのような、荘園の情景や、領主館での生活などが描かれている。また怪物など想像上の生物の細密画も時にユーモラスに描きこまれている。

四頭の牛で引く犂

馬による畝立てと種蒔き、鳥追い

Quoniam tu dominus
super omnem terram: nimis
tus es super omnes deos

干し草を運ぶ荷車、鉄製の車輪

たと思われる。

ハーパーの持ち物が記録された理由

以上、記された内容を見てきた。ここからは内容以外の特徴から、この史料のなりたちを考えてゆこう。そうするとまず目に付くのは上段に書かれた証人の多さである。ところで証人の数はなぜ多いのだろうか。最初に思い浮かぶのは十人組の制度▲と関係があるのではないかという考えである。十二歳以上の男子が十人単位の組に組織され、相互に犯罪人の告発や、領主裁判所への出廷義務などを保証しあう隣保組織と関係があるのではないか。この当時は領主が公権力の代行をしていた。動産は、遺言があればそれに従い処分し、借金はそこから相殺し、十分の一税▲や地代の未払い金も回収した。もし権利を相続する人がいる場合は、領主は相続税(相続上納金と上納物)を取り立てた。そこで領主にはハーパーの死去にともなう、査察の記録をとる必要があった。そのために証人が多く記されているのではないか、と。

しかし十五世紀に十人組制度がここまできちんと機能していたとは考えにく

▼**十人組制度**　中世イギリスの農民に課せられた制度。荘園領主の執事により主宰された裁判で、十人組検査にもとづき義務違反が報告され、罰金などが科された。

▼**十分の一税**　中世ヨーロッパで農民が教会に対して支払った税。教会は、旧約聖書『レビ記』、新約聖書『マタイ福音書』の記述などを根拠に、教区教会の維持を目的として、農民から収穫や畜産物などの約十分の一を徴収した。しかし実質的には領主がその徴収の実務を握ることが多かった。

▼教会裁判所　中世では、国王裁判所と管轄領域を分けつつ発達し、世俗の人々の、婚姻・十分の一税・遺言などをめぐる裁判をあつかった。

い。それに動産目録にはふつう証人は書かれない。また、動産の遺言による処分は教会裁判所▲の管轄である。そもそも写しであるこの文書がラングリィ家の家政会計記録に綴じ込まれていた理由はなんなのか、考える必要があろう。

そこで、領主の側にこの書類を残しておくべきどのような理由があったのか、あらためて考え直してみよう。ハーパーの死去にともない、所有していた動産をすべて丸ごと領主であるラングリィ家が買い取ったと考えればつじつまが合う。動産目録がつくられた翌年、保管のために、家政会計記録に綴じ込まれたのも、そう考えれば納得できる。もう一つ考えられることは、ハーパーが死去したのではなく、生きているが戦争あるいは巡礼など、長期にわたり家を留守にするさい、帰ってくるまで持ち物を領主に預けるためにつくった覚書(契約書)ではないだろうか。そうであれば、証人名が多く書かれていること、それが領主側の書類として保管されていることの二つに説明がつく。これは北野かほる氏の考えであるが、いまのところもっとも確実性の高い解釈であるといえる。十人組制度で説明することに疑問を呈してくれたのも、研究会のメンバーであり、さまざまな解釈を話し合える研究会の仲間は大変ありがたい。

▼**クリス・ダイヤー**（一九四四～　）イギリスの中世経済史・社会史家。レスター大学名誉教授。『中世後期イングランドの生活水準』（一九八九年）、『ある地方のジェントリ商人、一四九五―一五二〇年』（二〇一二年）などの著作がある。

▼**中世後期**　十四世紀から十五世紀、貨幣経済の浸透と黒死病後の人口減少の影響により、階層分化が進んだ。

十五世紀の富農の家（想像図）

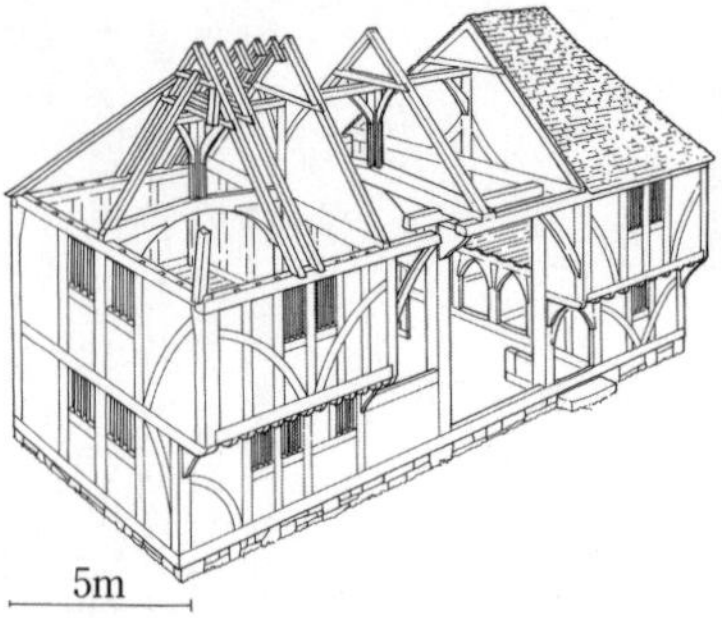

この時期の領主裁判記録や地代帳があればもっとはっきりしたことがわかるであろうが現存していないので、真相は謎のままである。付け加えるならば、領主側に保管された文書よりも、同じ荘園の近隣の畑を耕作する者たちが証人となり、記憶にとどめておいてもらうことのほうが大切だったのではないだろうか。証人名を見ると、アランやアダム、スミスやクラークなど、おそらく親の洗礼名や職業名などをそのまま名字（ファミリーネーム）とした者が多いことに気付く。村落共同体の仲間である成員がみなで記憶することが大切だったからこそ、大勢の証人であったのだろう。

アラン・ハーパーと料理頭サイモン

ダイヤー▲によれば、中世後期▲の農村では、階層分化が進み、耕地をほとんどもたない最下層の貧農と、一〇エーカー程度の保有地からの収穫だけでなんとか暮らせる中間層、そして四〇から一〇〇エーカーの保有地をもつ富裕層の三つの階層が存在した。階層間の比率は地域や農村により異なっており一概にはいえない。

ラングリィ家の家政会計記録、第三葉の裏

日の暖かなある初夏のこと、
私は毛織りの粗服を身にまとい、
所業のよろしからぬ隠修士のいでたちで、
世の不可思議なことどもを聞こうと、世間をひろく歩き廻った。*

聖マーガレットの物語ここに始まる
神に祝福された、喜ばしきその生涯

アダムが耕し、イブが紡いだとき
いったい誰がジェントルマンだったか

カンタベリー大司教にして枢機卿たるトマス
イーリー司教ウィリアム
エルサレムの聖ヨハネ修道会のウィリアム殿
と、ダドリー卿ジョン

＊訳文は、池上忠弘訳W・ラングランド作『農夫ピアズの幻想』（中公文庫、1993年）をもとに、韻文の体裁に直して用いた。池上によると、『農夫ピアズの夢』のほぼ完全な写本が、52も現存しており、中世後期に広く流布していたとみられる。

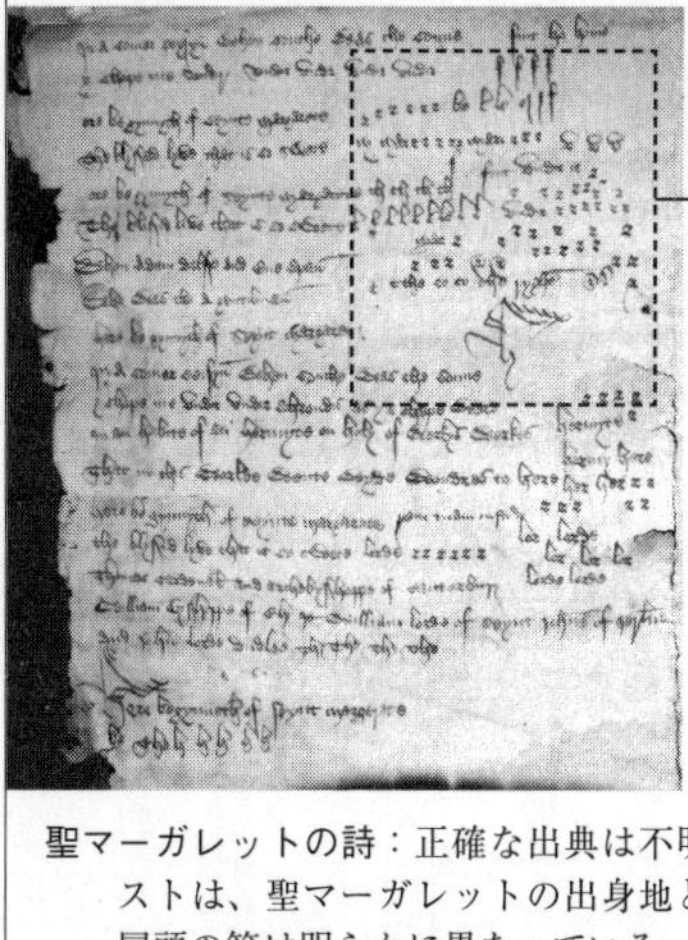

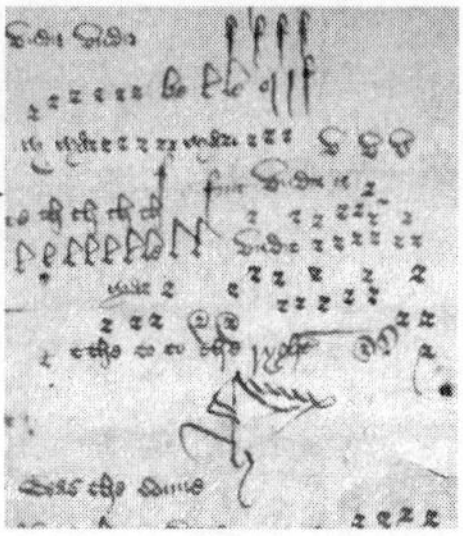

字体の練習部分のクローズアップ

聖マーガレットの詩：正確な出典は不明。現存する『聖マーガレット伝』のテキストは、聖マーガレットの出身地とされる小アジアの話から始まっており、冒頭の節は明らかに異なっている。

カンタベリ大司教トマス：トマス・バウチャー（73頁参照）。彼はこの家政会計記録がつくられた1473年に枢機卿になっている。国王の文書局の長でありかつ請願にもとづく裁判をおこなう尚書部長官をかつて務めていた人物である。

イーリー司教ウィリアム：ウィリアム・グレイ（在位1454～78、78年没）。

エルサレムの聖ヨハネ修道会のウィリアム殿：ロンドンにあった聖ヨハネ騎士修道会のクラーケンウェル小修道院の院長であったウィリアム・トゥルネー（院長としての活動時期は1472～73年頃）であろう。

ダドリー卿：ジョン・サットン。リクリング・ホール近隣の大地主。

この史料の主、アラン・ハーパーは、立派な家に住み、接待ができる見栄えのする食器類をもち、七四エーカーもの耕地を保有していた。また、保有する耕地が広いだけでなく、馬も多く所有していた。自前で犂隊をもてたことからも、富裕なヨーマン層の農夫だったと考えられる。

この動産目録の裏には、手習いのような走り書きや文字が記されていた。単なる悪戯書きと決めつけてしまわないで、なにが書かれているのかをちょっと見てみよう。そこには、大きく分けて以下の四つの内容が書かれていた。

(1)十四世紀後半に書かれた『農夫ピアズの夢』▲写本のプロローグ、冒頭部分の一節によく似た文章。

一部の語にダブリが見られ語順が違っていたりするけれども、プロローグ冒頭の一節を手習いでもあるかのように、正確に書き写していることがわかる。

(2)聖マーガレット▲に関する詩あるいはバラッド(俗語歌謡)とみられる一節。

(3)ジョン・ボールの説教の一節。

一三八一年の農民反乱▲のさい、ロンドン郊外のブラックヒースの丘に集結した反乱軍とその首謀者ワット・タイラー(屋根瓦職人のウォルター)に向かって、

▼**『農夫ピアズの夢』**　十四世紀イギリスの詩人ウィリアム・ラングランド(一三三五頃〜九〇頃)の作とされる、中世英語で書かれたラテン語交じりの長編詩。聖俗の堕落など当時の社会をありのままに描いているといわれる。

▼**聖マーガレット**　アンティオキアのマルガリタ。ドラゴンの姿をした悪魔に飲み込まれたが、手にもった十字架のおかげでドラゴンの胎内から無事にでてきたという伝説上の聖人。妊婦や出産の守護聖人で、イングランドで崇敬が盛んだった。

▼**一三八一年の農民反乱**　ワット・タイラーの乱。百年戦争の戦費調達のために課された人頭税に対する反発が発端となった。反乱はエセクスでもっとも激しかった。

ジョン・ボール（中央騎上）**とワット・タイラー**（左端手前）

ジョン・ボールが激励の説教をした時に用いられた一節として有名である。ただし、ジョン・ボールがここではじめて用いた言葉ではなく、この当時すでに広く流布していた言葉だといわれている。アダムとイブの時代には、ジェントリなど存在していなかったという意味である。この頃からジェントリは、自分たちの身分はアダムに由来する高貴な血を引いていると声高に主張しはじめるので、それを揶揄した言葉として広まっていったと考えられる。

以上の文章は手習いとして頃合いのものであったろう。

(4)四人の人名。

書かれている四人はいずれもラングリィ家近隣の大地主か役職上の関係があるような人物であった。

なおこれらの文章断片のまわりには、文書冒頭の文字に装飾を付ける当時の慣行に従った飾り文字であるhとか、「ラウンドr」と呼ばれる丸いかたちのr文字が、綴り方の練習のように何回も書き連ねられている。

食料会計記録をつけるだけであれば、このような字体の練習は必要なかったであろう。さきの動産目録の写しとあわせて考えると、どうやら料理頭のサイモンは、ラングリィ家付きの書記役もやっていたらしい。ラングリィ家は代々、エセクスのシェリフ職▲を務めており、その関係で財務府に書簡で報告したり、あるいは尚書部▲に請願をおこなったりと、文書を作成する機会が多かったと思われる。そのさいふさわしい字体を用い、また請願相手の肩書をまちがえることなく正確に文書に記載する必要があった。第三葉はさきにも見たように記録として保管するために綴じ込まれたが、その裏は余白のままであった。そこでこのようなメモや字体の練習を余白に書き込んだものと思われる。字体の練習のさいに、サイモンはつい愚痴ってみたくなったのであろう。あるじをもつ身はつらいよ、と。行間からそんなサイモンのつぶやきが聞こえてきそうである。

領主層と農民層の格差

さて、さきほど見たハーパーの動産目録が綴じ込まれていた見開き部分の左側、すなわち第二葉裏には、もう一つの物品リストが書き込まれていた。その内容を、さきの動産目録の品々と比べてみよう。

第二葉裏の最後に、領主夫人(キャサリン・ラングリィ)用に、と書かれてい

▼シェリフ職　シェリフは、管轄する州などから財務府に税収を納入する財政的責務と、州裁判集会を召集し、州代表議員の選挙管理をおこない、犯人の逮捕や未決囚の収監、陪審や証人の召喚など、治安維持と裁判・行政手続き上の任務をおびていた。

▼尚書部　イングランド王国政府と国王が発行する文書全体を管理する部局であり、その長(尚書部長官)は、国王の側近として、国王にもっとも近しい行政のトップであった。その立場から、救済を求める人々による政府と王宛ての請願書が集中したので、請願にもとづく裁判をおこなうようになった(尚書部裁判所)。

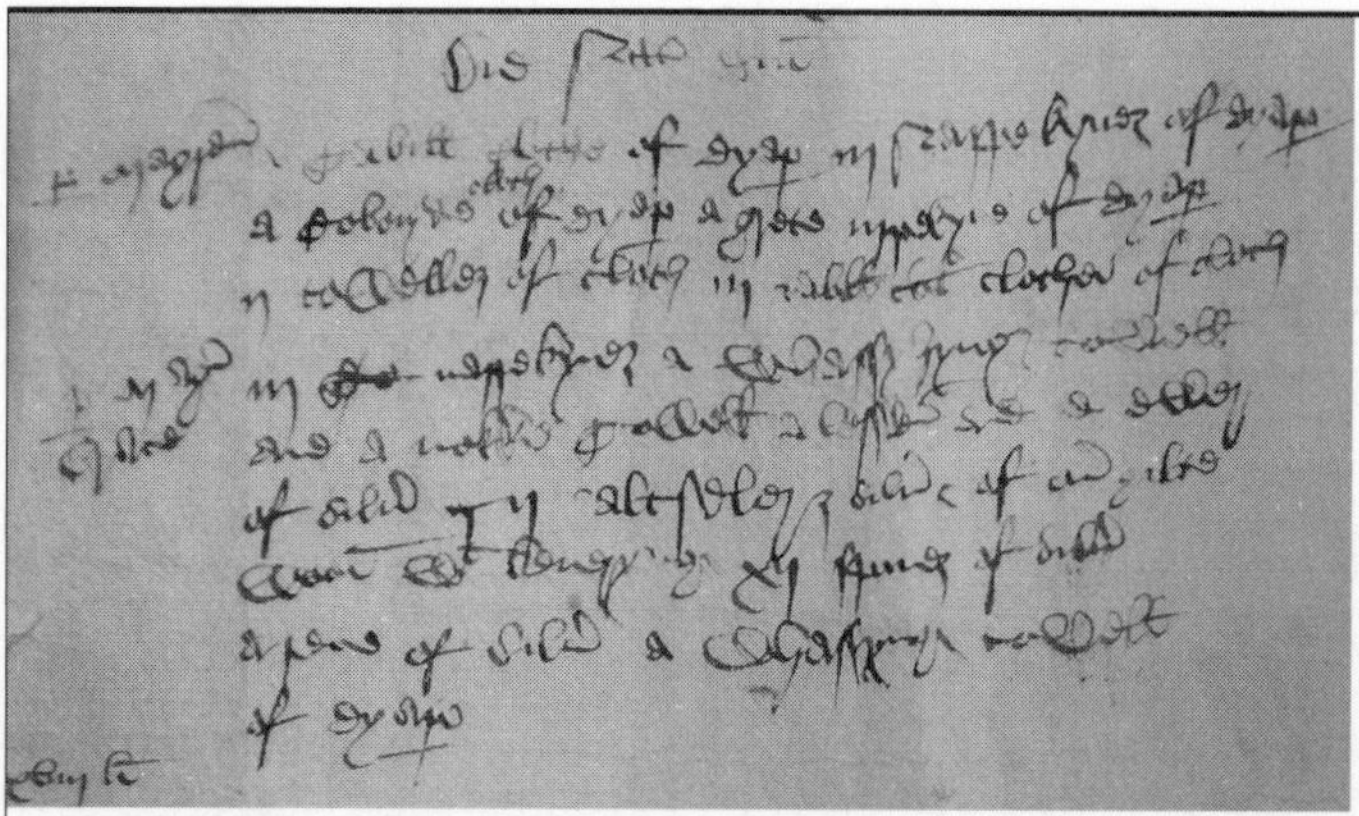

●—ラングリィ家の家政会計記録、第二葉裏、「領主夫人用に」、と書かれた走り書き

クリスマス
(欄外) 領主夫人キャサリンさまに
菱形模様のテーブルクロス 1 枚と菱形模様の食卓用ナプキン 3 枚
菱形模様の覆い布 1 枚と菱形模様の大きな食卓用ナプキン 1 枚
タオル 2 枚とテーブルクロス 3 枚
食卓用ナプキン 3 枚と手洗いタオル 1 枚
それに肩掛けタオル 1 枚と銀の水盤と水差し各 1
銀の塩入れ容器 1 個と、金メッキの脚付の塩入れ容器 1 個。銀スプーン 12 本
銀器 1 対と菱形模様の手洗いタオル 1 枚

●—**肩掛けタオル**　とくに高貴な人用のもの。首にまわして肩から左腕だけにかける。十五世紀、『フランス大年代記』より。

る事項はなにを意味しているのだろうか。そろいの模様のナプキン・テーブルクロス・タオルや、銀製の塩入れ・水盤・水差し・銀スプーンなど、その内容から判断するに、キリスト降誕祭の祝宴を華やかで特別なものとするために必要な品々を、あらかじめまとめて準備しておくために料理頭サイモンが書き加えた備忘録であろう。これらは領主館であったリクリング・ホールかあるいは領主夫妻が移動中の場合には出先でおこなわれる祝宴のために、届けられるようまとめた品々であったかもしれない。さきのハーパーの持ち物と比較してみると、これらの品々の豪華さが際立つ。領主であり、貴族階層に属するがその最下位にいるジェントリと、それ以下の者たちとの格差はこのように目に見えるかたちではっきりとあらわれていたのである。

さていよいよ家政会計記録の内容に分け入っていくことになるが、次章ではまずこの史料の形態に着目してみよう。誰がどんな目的で書いたものなのか、それは当初の目的を終えたあとなぜ保存されたのか、そしてなぜ現存しているのだろうか。本章でみてきたように、これらのことを史料の形態に着目して最初に検討することは内容を理解するうえで必要不可欠な作業なのである。

②―史料のかたちから情報をえる

ジェントリとは

中世後期イングランドにおいて、ジェントリとは、まず土地保有階層であり、「家名」と「所領」に根拠をおく価値観にもとづいて、自らの優越を主張するような、地域の支配的エリート集団のことである。その優越は、王や貴族諸侯との恩顧関係▲にももとづいていた。生まれの良さにもとづく身分、あるいはジェントルマンらしさを示す言葉としてのジェントリは、十四世紀末から用いられるようになった。しかし十四〜十五世紀の人々は、自分のことをジェントリと呼ぶよりも、むしろナイト(騎士)あるいはエスクワイア(准騎士)身分の家系に属する者と呼ぶことがふつうだった。十六世紀末になると、ジェントリは、貴族身分のすぐ下の層を指す言葉として限定的された意味で用いられるようになっていく。

ジェントリとは、中世に関しては歴史学の用語として便宜上用いている、やや曖昧な概念であり、おおざっぱにいえば貴族身分内の最下層に位置する人々

▼**恩顧関係**　パトロネジともいう。王や貴族は、所領・年金・役職を提供し裁判における便宜をはかるなどの行為をなし、その見返りに、ジェントリから軍事的・政治的な奉仕や加勢をえて、地方で勢力を誇った。

と考えてほしい。そこでナイト・エスクワイア層▲と呼ばれることがある。イングランドは約四〇の州という行政区画からなるが、十五世紀には各州におおよそ一〇〇から二〇〇のジェントリ家系が存在したと考えられている。本書であつかう家政会計記録を残したラングリィ家は、当主がエスクワイアを名乗る家系であった。そのようなジェントリや貴族は、本拠地の所領に領主館を構えて家政▲をいとなみ、家中をやしなったのである。

家政会計記録とは

ウールガー▲によれば十六世紀初頭までの家政会計記録残存数は、約五〇〇といわれている。その多くは、イギリス国立公文書館の尚書部や財務府関係の記録としてばらばらに残存している。尚書部裁判所における裁判の証拠物や関係文書として提出されたものが、なんらかの理由でもとの持ち主に返還されることなく、結果として、中央の文書の中に残されてしまったことによっていると考えられる。しかも多くの家政会計記録はまとまった記録として残されているわけではない。本の見返しの外葉などに再利用された結果、断片としてのみ残

▼ナイト・エスクワイア層　称号をもつ貴族の下に位置し、代々受け継ぐ紋章をもつような地方土地保有層の家系をナイト・エスクワイア家系と呼ぶ。家系の当主だけが、ナイトあるいはエスクワイア身分を名乗ることができた。ただし州代表庶民院議員に選ばれると、騎士身分でなくとも、ナイト・オブ・ザ・シャイアと呼ばれたし、国王家政の役職位には、ナイトやエスクワイアという語が家政内の肩書として使われたので、そのような役職についた人物をだした家系もナイト・エスクワイア家系を自称した。

▼家政　ハウスホールド。主人を中心とした家系・一門に、その使用人などが加わった社会生活をいとなむ単位による世帯の管理運営を指す。その構成員が、家中である。

▼クリストファー・M・ウールガー　イギリスの中世史家。サザンプトン大学教授。史料集『中世イングランドの家政会計記録集』(一九九二〜九三年)や、『中世後期イングランドの大規模家政』(一九九九年)などの著書がある。

●中世後期イングランドの身分・社会的階層図

聖職者の肩書	身　分	都市民の肩書	法曹の肩書
	国王　King		
大司教　Archbishops	公　Dukes		
司教　Bishops	侯　Marquesses		
	伯　Earls		
修道院長 Mitred abbots	子　Viscounts		
	男　Barons	ロンドン市長 Mayor of London	国王裁判官 Judges
小修道院長、 司教座教会の参事会長、 助祭長など Other abbots and priors; deans, archdeacons, etc.	**ナイト（騎士） Knights**	ロンドン市参事会員 Aldermen of London	上級法廷弁護士 Serjeants at law
	エスクワイア （准騎士） Esquires		
聖職禄をもらう聖職者 Beneficed clergy	**ジェントルマン Gentlemen**	他都市の市長と市参事会員 Mayors and aldermen of other towns	法研修生 Apprentices at law
礼拝堂付聖職者など Chaplains, etc.	ヨーマン Yeomen	バラ（自治都市）の自由民 Freemen of boroughs	代訴人 Attorneys
	ハズバンドマン Husbandmen	ギルド職人、遍歴職人 Journeymen, Craftmen	
		徒弟 Apprentices	
	労働者 Labourers	労働者 Labourers	

※網かけ内がジェントリを指す

▼**蠟引き書字板**　木枠に蠟を流し込み、鉄筆など堅いものでひっかくことにより文字を記録した。蠟を削ることにより再利用できた。

▼**ヒュー・ド・ネヴィル**（?～一二三四）　国王リチャード一世（在位一一八九～九九）、ジョン（在位一一九九～一二一六）、ヘンリ三世（在位一二一六～七二）のもとで主席御料林官を務めて財をなし、エセクスを中心に所領を形成した。

存しているものも多い。それらを調査したウールガーによれば、家政会計記録の内容は、日々あるいは週ごとにまとめた食料品支出会計記録が圧倒的多数を占めているという。もともと、蠟引き書字板▲や紙の切れ端などを使用して日々記録しておいた家政支出の細目を、一定の間隔で日々あるいは週ごとにまとめて書き残したものが家政会計記録である。それらは作成目的である家政の長あるいは執事による監査がすむと、破棄されたり羊皮紙の場合は表面を削って再利用されたりした。例外的に、参照目的で清書され意図的に保存されることもあったが、そのような場合は規模の大きな家政であることが多かった。

十二世紀後半に、家政での会計が口頭でおこなわれるものから文書として記録されるものに変化した。記録の目的は購入による現金の支出を記録することであり、家政による消費を記録することは意図されていなかった。大規模な家政では日々の家政支出も大きな金額となっていた。例えば一二二五～二六年に国王家政は、一日当たり六ポンド一五シリングも支出していたが、これは一二〇七年、ヒュー・ド・ネヴィル▲の家政の約八倍にあたる金額である。大規模な家政においては、「ストックから（すなわち一度に大量に購入しストックしておいた分から）」の消費についても記録するようになった。また衣服・ワイン・スパイスなどは、一度に大量に購入し値もはるものであるため、家政会計記録とは別の、納戸部《なんどぶ》会計記録（衣装部会計記録）などに含まれるようになっていった。

このような流れからいって家政会計記録が、その家政の消費のすべてを示しているとはかぎらないという点に留意することが重要である。例えば、ノーフォーク女伯マーガレット・プランタジネット▲は、一三八五〜八六年度に合計二五七ポンド一六シリング五ペンス半を支出したことが食料品支出会計記録には記録されているが、家政総支出記録簿には家政支出総額としてその五倍以上の金額が記録されている。ストック用に大量購入されたものは、食料品支出会計記録には記録されないのである。さて、このような家政会計や家政組織の初期のマニュアルとしては、リンカン司教ロバート・グロステスト▲『所領経営規則』が有名であり、家政会計記録の書式はこれらマニュアルを参照しつつ大陸の書式を真似てつくられていった。

家政会計記録史料の形状は、一四三〇年までは羊皮紙が多く、尚書部記録と同じような蛇腹式の綴じ方がされているものが多い。そうでない場合は財務府

▼ノーフォーク女伯マーガレット・プランタジネット（一三二〇頃〜一三九九）　国王エドワード一世（一二三九〜一三〇七、在位一二七二〜一三〇七）の孫にあたる。

▼ロバート・グロステスト（一一七〇頃〜一二五三）　リンカン司教（在位一二三五〜五三）。科学者、神学者。オックスフォード大学初代総長。家政組織のための規定や領主への助言をまとめた『所領経営規則』を著した。

キャサリン・ラングリィのイメージ　ダグナム教会内陣のトマス・アーズウィックの墓と子どもらの真鍮銘板(ブラス)が現存しており、その真鍮銘板ほぼ中央の世俗女性がキャサリンの似姿であると考えられる。父トマス死去の時点で、アーズウィック家の男子四人は早世しており、尼僧になっていた姉と次女キャサリンおよびその妹たちしか子どもは残されていなかった。この墓からは、ロンドン近郊に所領をえてジェントリとなったアーズウィック家の格式意識を読み取ることができる。

方式で一枚ずつ片側に綴じてゆく方式である。それ以降は紙が多くなり本のかたちに折丁《おりちょう》方式(三九頁参照)で綴じられるものが多くなる。また一四三〇年以降は、書式もバラバラになっていく傾向がみられる。

年度としてまとまっている家政会計記録は、会計監査のために記録を残していたと考えられるが、執事などの監査役は、「*probatur, quit*」とマージンにラテン語で記したり、あるいは大きく×印を記したりして監査がすんだことを示したようである。以上、ウールガーの研究によりつつ家政会計記録史料の特徴と留意点を見てきたが、ここからはラングリィ家の家政会計記録の形態に着目して具体的に見てゆくことにしよう。

ラングリィ家とその家政会計記録

ロンドンの富裕商人家系出身で、エセクスのジェントリ家系に嫁いだキャサリン・ラングリィ(旧姓アーズウィック)が受け取り、イギリス国立公文書館に残されていた一〇通の贖宥状《しょくゆうじょう》をかつて調査したさい、キャサリン関係の史料の中から偶然見つけたものが、ここで紹介する家政会計記録である。ジェントリ

●—**イングランド、エセクスの地図**(十五世紀)

●—**贖宥状**　ある特定の教会や修道院への寄進など敬虔な行為に対する感謝のしるしとして、その教会・修道院のメンバーによる祈りの輪に加え、死去時に葬儀ミサを執りおこなうなど、その教会・修道院のメンバーと同様にあつかうことを保証した書状がその起源。のちに、金銭的喜捨と引き換えに罪の償いとして課せられた苦行を免じたり(贖宥)、死後に煉獄で受ける苦行の期間を短くすることを保証したりする側面が強調されるようになった。免罪符とも呼ばれる。写真は、ヨークシャ、ナーズバラの聖ロバート修道院が、ヘンリ・フィツヒュー(一三六三頃〜一四二五)とその妻に一四一二年に与えた贖宥状。

領主館　現在のリクリング・ホール。正面入口は十五世紀後半のままであるという。

▼折丁　製本するための基本単位である小さな冊子体で、四枚の羊皮紙か紙をかさね、半分に折り八葉一六頁の冊子にしたものを一般に折丁と呼ぶ。本書であつかう史料は、当初、第一葉を表紙として折丁Aと折丁Bを糸で綴じ、一冊としていたと思われる。

家系の長男であるヘンリ・ラングリィと、当時おそらく十六歳であったキャサリンの新婚夫婦は、ロンドン近郊の州であるエセクスにあるリクリングの領主館に、家政の中心をおいていた。ヘンリは、最近家督を継いだばかりであり、その家政の料理頭（いわば家政婦〈夫〉）であったサイモンがつけていた家政会計記録が、イギリス国立公文書館に残る文書である。

史料のかたち

タテ三〇センチ×ヨコ二二センチの冊子状をしている。確認できる折丁▲は、第二〜一〇葉と第一一〜一四葉の二冊（折丁Aと折丁B）からなる。第一、一五〜一八葉には、綴じ目が残っているものの、はずれて反対側が切り取られている。切り取られているのは、第七、一二、一三葉も同様である。第一二葉と一六葉の裏は白紙のままである。

冊子体すなわち折丁からわかることについては次に述べることとして、まず第一葉表、すなわち最初の頁の内容を紹介しておこう（三六〜三七頁参照）。書かれている内容は、一四七三年三月〜七四年五月にわたり、ほぼ食料品支出会計記録である。作成者は、表題から料理頭のサイモンで、本名はサイモン・フレッチンガムであることが、第二葉裏からわかる。内容は基本的には、日付、購入品目、数量、支出金額が書かれ、購入先や購入場所が記されることもある。ここでは書かれていないが、六月以降はその品目が朝食用、正餐▲用であるかの区別、まとめ買いしておいたストックからの消費か、新規購入かの区別などが記されるようになる。先述した大規模家政の記録同様、次の購入時期を予測するために、ストック消費分の記録としても使用されていることから、純粋な意味での会計記録とはいえない。

折丁構成からわかること

次に、折丁構成について見ていくことにしよう。最初の一年間分(第一～一四葉)の記載内容と折丁構成をまとめてみると以下のようになる(三九頁参照)。

各葉(フォリオ)の記載内容と折丁の構成をあわせて考えてみると、なにがいえるだろうか。折丁Aを構成する各葉は、日付から考えて、ほぼ順に書き込まれていったものであることは明らかである。ただし第三葉の内容は前年に書か

▼正餐　ウールガーの研究『中世後期イングランドの大規模家政』によれば、朝の祈り後の午前八時頃に朝食、午前十時か十一時頃に昼食をとり、午後四時か五時頃から正餐をとった。ラングリィ家の場合は、朝食と正餐の一日二食だったようである。

●—ラングリィ家の家政会計記録、第一葉表の内容

第１葉表のトランスクリプト（文字を読み取って転写したもの）

1 (Ric)kelyng Compotus Simonis Cocis videricet de Receptis et Exspens(is)
2 per eundem factum pro Domitilia Henrici Langley Seg(uenti) die Sabatii
3 proximo post festum Sancti Gregorij papae anno Regni Regis Edwardus $iiij^{ti}$ $xiij^{o}$

4 In primis boughte at Walden a Cotelle of stone the meusure of a potell ———— j d ob.
5 and a pynte these of
6 Item the same cotelle for the fellyng wyth vyneegar ———— iiij d
7 Item CC muxillys ———— ij d
8 Item CC oysters ———— iiij d
9 Item playes ———— ij (d)
10 Item for Slys ———— v (d)
11 Item for crackenells ———— ij (d)
12 Item for ij li candells ———— iij (d)
13 Item for cradill barde ———— ij d
14 Die Mercurie proxima sequenti
15 Item bought in Walden CCC oysters for the felyship of Newport ———— (?)
16 Item for iiij slys ———— (?)
17 Item C muxilles ———— (?)
18 Die Sabbatii proxima sequenti
19 Item bought in Walden CC oysters ———— iiij d
20 Item for C muxilles ———— j d
21 Item for ij Slys ———— iij d
22 Die Sabbatii___dio xlme apud Hattefeld Re(gis)
23 Item for CC oystres ———— iiij d
24 Item for muxells C ———— j d
25 Item for ~~wlke~~ welkes dd C ———— j d
26 Item for iiij Rochettes ———— (?)
27 Item iiij Slys ———— iiij (d)
28 Item for costes of a man and a hors ———— j (d)
29 Item for (?)

●—ラングリィ家の家政会計記録、第一葉表

第 1 葉表の訳　(d= ペンス、ob=1/2 ペンス)

1 ～ 3（表題部分）
（リ）クリング　国王エドワード 4 世治世第 13 年（1473 年）、教皇聖グレゴリウスの祝日（3 月 12 日）のすぐあとにくる土曜日（3 月 13 日）以降における、ヘンリ・ラングリィ殿のリクリングにおける家政会計記録、Simon the Cook（料理頭のサイモン・フレッチンガム）により作成。

4 ～ 5
第一にサフロン・ウォールデン（Walden）で購入したもの。1 ポットと 1 パイント（ともに容量単位）分はいる石製ボトル 1 つ（値段）―― 1d ob.
6　酢をいれるための同ボトル―― 4d
7　ムール貝 mussel 200（C=100）―― 2d
8　カキ　200 ―― 4d
9　カレイ plaice ―― 2(d)
10　シタビラメ slys(= sole) ―― 5d
11　crackenells（麻に類した繊維を整えてロープにする木製道具）―― 2d
12　ロウソク　2（重量）ポンド―― 3(d)
13　cradill barde（=cradle board 刈り取った穀物が束になるように、大鎌の刃に平行に取り付ける、くし状の木枠）―― 2d
14　続く水曜日（3/17）
15　サフロン・ウォールデンでカキ 300 を購入。ニューポートの felyship（ferry 運搬船）によって運搬――（金額欠）
16　シタビラメ　4 匹――（金額欠）
17　ムール貝　100 ――（金額欠）
18　続く土曜日（3/20）
19　サフロン・ウォールデンで購入したカキ　200 ―― 4d
20　ムール貝　100 ―― 1d
21　シタビラメ　2 匹―― 3d
22　続く土曜日（3/27）、四旬節（レント）の中間日 ハットフィールドにて
23　カキ　200 ―― 4d
24　ムール貝　100 ―― 1d
25　ヨーロッパバイ貝（食用巻き貝 welkes=whelk）50（dd= 半分という意味）―― 1d
26　赤ホウボウ rochettes (rochet= red gurnard) 4 ――（金額欠）
27　シタビラメ　4 匹―― 4(d)
28　荷馬 1 頭とその馬丁（を雇う）費用として…… ―― 1d
29（1 行、解読不能）

冒頭の数字は、トランスクリプトする時に便宜上付けた行番号で、史料自体には記されていない。また右頁の（　）内は、史料の欠損を筆者が補ったことを示し、（？）は判読不能部分を示している。おもにラテン語で記され、品目名によっては一部英語やフランス語で書かれている。なお数字はアラビア数字ではなくローマ数字で記されている。下線は著者による。

左頁が訳したもので、そちらには（　）で説明を補った。

れたと思われる、ある人物の動産目録といたずら書きのような記載および一四七二年九月二十一日の記載であり、続く第四葉表に、第二葉裏から連続する内容が書き込まれていた。しかも第三葉と第四葉だけにはヨコにも折りたたまれていた痕跡が認められた。つまり第三葉と第四葉はもともと前年に一部書き込まれており、おそらくは四つに折りたたまれていたものが、折丁Aをつくるにあたって再利用されたということになろう。

では、なぜこれだけが一部書き込まれたままのかたちで、書き込まれた部分を切り取って捨てることなく再利用されたのであろうか。第三葉表に書き込まれた動産目録については、のちに参照する可能性があるため、保管しておこうという意図があったことを第一章で見た。一四七三年の家政会計を記録するための折丁がつくられるさい、その部分を残して折丁の中に綴じ込むことで保管し、同時に、余白のままの第四葉を再利用しようとしたと考えられる。あわせて、白紙だった第五葉と第六葉も折丁に綴じ込まれ、第一葉表には表紙にふさわしい表題が書き込まれ、第一葉、第二葉と日付順に内容が記載されてゆき、すでに書き込まれていた第三葉を飛ばして白紙の第四葉へと内容が続き、第一

●折丁の構成

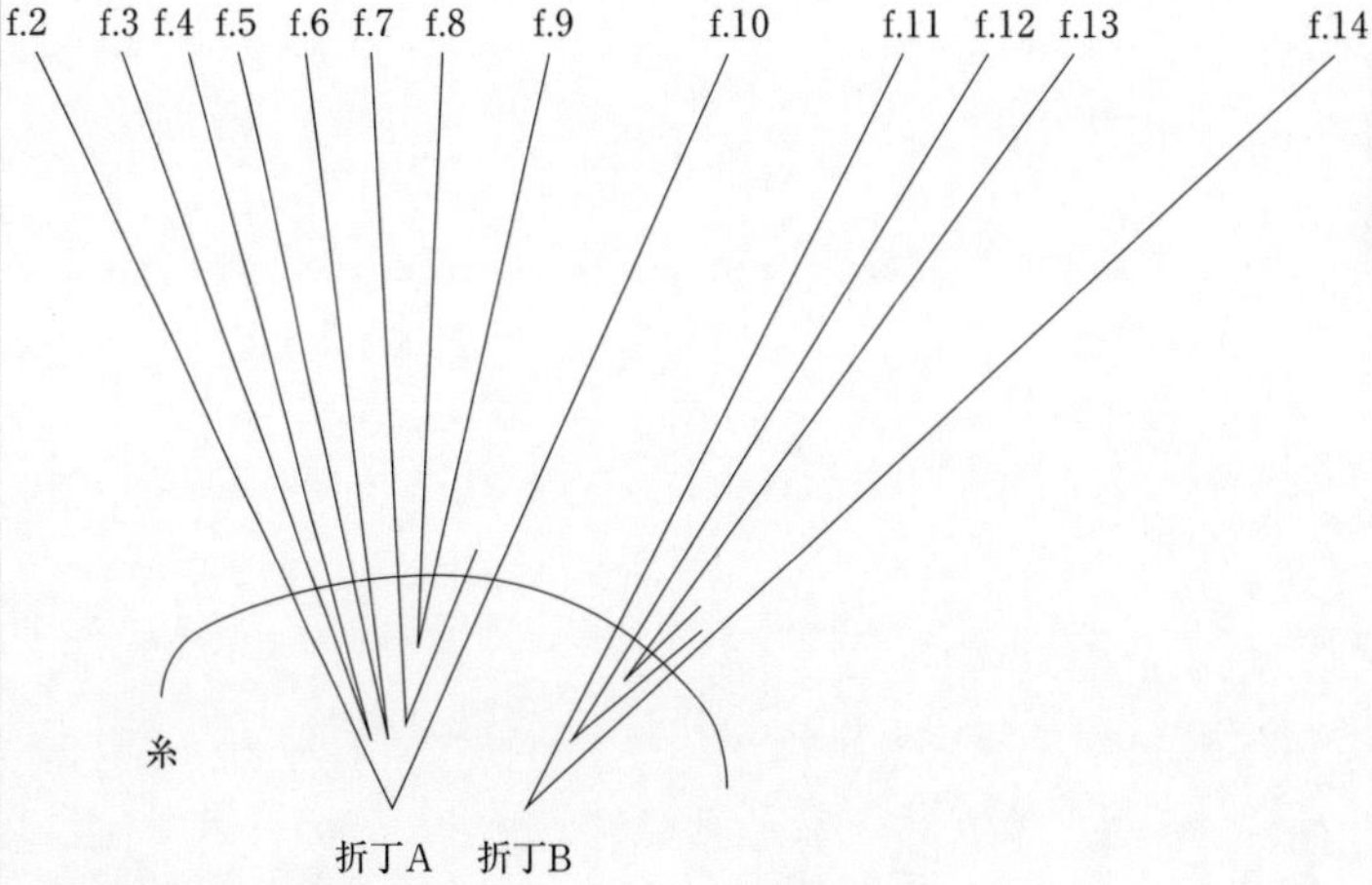

記載されていた内容（f は、フォリオ＝1葉の略語、r=recto 表、v=verso 裏のこと）

fol.1r	1473.3.13 ～ 3.27　強調して書かれた表題あり。
fol.1v	4.3 ～ 4.17
fol.2r	4.23 ～ 5.29
fol.2v	1473.5.31 ～ 6.7 & クリスマス祝宴用テーブルセッティングのメモ？
fol.3r	動産目録 (1472 ?)　ヨコに折り目あり。
fol.3v	走り書き & 1472.9.21　ヨコに折り目あり。
fol.4r	1473.6.6 ～ 6.26　ヨコに折り目あり。
fol.4v	6.27 ～ 7.31　ヨコに折り目あり。
fol.5r	8.1 ～ 8.29
fol.5v	8.30 ～ 9.15
fol.6r	9.16 ～ 9.20
fol.6v	9.17 ～ 9.30（一部内容重複あり）エセクス伯滞在時の記録を含む。
fol.7r	10.1 ～ 10.15
fol.7v	10.16 ～ 10.31
fol.8r	11.1 ～ 11.19
fol.8v	11.21 ～ 12.8
fol.9r	12.10 ～ 12.18
fol.9v	12.22 ～ 12.31
fol.10r	1474.1.2 ～ 1.18
fol.10v	1474.1.15 ～ 1.28　3枚うしろのフォリオに続く、と末尾に記載あり。
fol.11r	1473.4.18 ～ 5.11　肉類の記載のみ。当初は肉とそれ以外を分ける意図だったか？
fol.11v	1473.5.13 ～ 6.1　ほぼ上記同様。
fol.12r	1473.9.28 ～ 10.27（エセクス伯滞在時の記録を含む）; 1473.12.24 - 25; 1474.1.13, 14,16,18, 27 ～ 30　接待の支出や、子豚・牛など高額品目の支出記録？
fol.12v	空白
fol.13r	1474.1.28 ～ 2.10　f.10v からの続き。
fol.13v	1474.2.11 ～ 2.26
fol.14r	1474.3.3 ～ 4.2

〇葉まで書き込まれたと考えられる。また、第九葉と第一〇葉の間の切り取られている部分は、もとからのものであったと考えられる。折丁Aがつくられた当初から、その部分が切り取られていたことは、記載内容が連続していて、その部分で飛んでいないことから明らかである。

続く折丁Bは、時期は折丁Aと一部かさなっているものの、折丁Aが連続し欠落のない日々の記録であるのに対し、飛び飛びの記録となっている。内容は、第一一葉は復活祭(一四七三年四月十八日)からの記載である。四旬節(四六頁参照)が終わって肉類を購入するようになったのを機に、肉類の購入記録だけ別会計として、別の折丁Bに記録しはじめたものの、続く第一二葉では、祝祭や貴族の滞在時など、とくに購入が集中した時期の記録に変化している。しかも、折丁Aの同時期の内容より、やや詳細に記録されている。続く第一三葉からは、第一〇葉から連続する内容となっている。

これらの事実から考えて、当初は第一葉から引き続き折丁Aに通常の小額支出を記録し、折丁Bに肉類など高額支出や接待時などの高額支出を詳細に記録していく計画だったと考えられる。しかし、折丁Aの第一〇葉余白が、残り少なくなったある時点で、折丁Aに続く内容を折丁B後半の空白部分に記録していったものと考えられる。

この史料は誰のものか?

作成者は料理頭のサイモンであることが明記されているが、はたして誰のためにこの家政会計記録はつくられ、そしてどのような利用目的があって保存され、なぜいま残っているのであろうか。もともとは作成者サイモンが、日々の支出について主人あるいは主人の執事による監査を受けるために記録用に作成し、保持していたものだと思われる。例えば、第四葉裏、四三〜四四行目の欄外に「*no(sc)it(o)*」というラテン語での記入があるが、これはおそらく監査をしたという印として執事が記入したものであろう。作成者サイモンは二〇シリングを給金としてもらっており、そのことも総計欄に書き加えられている。

しかしながら、丁寧に書かれた表題や、一年度分の会計記録がまとまって残っていることから、家系によるその後の参照(利用)用に保存しておく意図が、当初からあったと考えられる。この年度の内容に、保管用の動産目録を含むことや、エセクス伯という貴族が滞在した時の記録などを含むことから、家系にとって必要なものとして、破棄されることなく保管されたものと考えられる。キャサリン・ラングリィの死後、ラングリィ家の所領争いにかかわる訴訟の証拠物として提出されたものの中に、ラングリィ家の荘園裁判記録とともにこの家政会計記録も含まれていたのであろう。その後関係者に返還されることのないまま、キャサリンの贖宥状や請願は、手紙類など雑多な書類として尚書部関係文書に、家政会計記録は財務府関係文書に分類されて保管され、バラバラなかたちとなったとはいえ現代まで残ることとなったのである。

③—家政会計記録に見る四季の暮らし

中世イングランドの貨幣と貨幣単位

ここで、中世イングランドの貨幣と貨幣単位について説明しておこう。現在のイギリスはポンドとペニー（複数形はペンス）という通貨単位で、一〇〇ペンスが一ポンドとなる百進法を用いている。しかしながら中世にはポンドとペニーの間に、シリングという単位があった。また計算もややこしく、一二ペンスで一シリングとなり、二〇シリングで一ポンドとなる。ペニーからポンドへは二四〇進法であった。これらの貨幣単位は大陸と同様で、例えばフランスでは一リーブル＝二〇スー＝二四〇ドゥニエとなり、シャルルマーニュ▲の貨幣改革に由来している。イングランドとフランスは貨幣の略記法も同様で、ポンド（リーブル）をl（リブラのエル）、シリング（スー）をs（ソリドゥスのエス）、ペニー（ドゥニエ）をd（デナリウスのディー）であらわしている。さらにややこしくて申しわけないが、ポンドのほかにマルク（マーク）という単位もあって、三マルクが二ポンドとなった。つまり一マルクは、一三シリング四ペンス＝一六〇ペ

中世イングランド・フランスの貨幣単位

イングランド	ポンド シリング ペニー	1シリング ↑ 12ペンス	1ポンド ↑ 20シリング
フランス	リーブル スー ドゥニエ	1スー ↑ 12ドゥニエ	1リーブル ↑ 20スー

▼シャルルマーニュ（七四二〜八一四） カール大帝（在位七六八〜八一四）。フランク国王であった八〇〇年に、ローマ教皇レオ三世からローマ皇帝の帝冠を授けられ、西ローマ帝国復活の立役者となった。

▼ノーブル金貨とエンジェル金貨
イギリス国王エドワード三世(在位一三二七〜七七)によって導入されたノーブル金貨は、当初六シリング八ペンス(＝八〇ペンス)の価値だったが、大陸への金の流出を避けるために、一四六九年以降、八シリング四ペンス(＝一〇〇ペンス)の価値に改定された。表面に竜を退治する大天使ミカエルの図像が刻印されたエンジェル金貨は、国王エドワード四世(在位一四六一〜八三)によってノーブル金貨にかわるものとして導入された。したがって価値は六シリング八ペンスであった。

▼シルバー・グロート(四ペンス銀貨、左頁写真)　上はいずれも表側、下は裏側である。王の顔が刻印されている。左はヘンリ六世期、一四二二〜二七年のもの。右はエドワード四世期、一四六四〜七〇年のもの。これらの貨幣の端は、細かく削られていて(クリッピングという)、手にした人間が少しでも銀をこそげ落とそうと努力した跡がみられる。大変な手間だと思うが、ちりも積もれば山となる、というわけである。貨幣の裏には、十字と、その十字の四隅に△

ンスである。

十五世紀イングランドでは通貨は基本的に銀貨であり、十四世紀からのノーブル金貨▲や、一四六四年からは六シリング八ペンスにあたるエンジェル金貨▲なども流通するようになったが、本書であつかう家政会計記録程度の取引では、おそらくほとんど使われることはなかっただろう。当時流通していた最小単位貨幣が、シルバー・グロート▲と呼ばれる四ペンス銀貨である。表側には王の顔が、裏側には十字が刻印されている。裏側の十字にそって割ることで、少額貨幣として使われていた。

ちなみにこの家政会計記録が書かれた頃、四ペンス銀貨一枚にどれだけの価値があったのかを見てみよう。そのためにはイギリス国立公文書館のサイトのcurrency converterが便利である。そうすると、一四七〇年代の四ペンスは、二〇一七年の一一ポンド四三ペンスにあたることがわかる。二〇一七年には一ポンドを円に換算する為替レートは、一ポンド一三五円から一五三円で推移していたから、おおざっぱにいえば二〇一七年の一五〇〇円から一七〇〇円といったところだろう。イギリス国立公文書館の同サイトによれば、一四七〇年代

の印が刻印されている。△の印が少しでも欠けていれば、正規の四ペンスとは換算されなくなり銀重量計算となる。さきに述べた、削り取りへの対策となっている。

当時、熟練労働者一日分の賃金は八ペンス程度(三〇〇〇〜三五〇〇円程度)であった。つまりこのコイン二枚程度ということになる。ただし為替レートは大きく変動するし、その時々の経済状況の違いにかなり左右される。まったくの個人的な実感ではあるが、今のイギリスで、一〇ポンドで買えるものから勘案すると、日本で同じものを買うとすれば三〇〇〇円から五〇〇〇円くらいになる。時給一二〇〇円で一日八時間労働すると、ちょうど一四七〇年代の八ペンスになるという感覚で、あながちまちがっていないのではないだろうか。

支出から推測できる家政の規模

ラングリィ家の家政会計記録にみる支出金額は、一年で八ポンド一四シリング六ペンス(＝一七四シリング六ペンス)であった。一カ月当たり一四シリング六ペンス半、一日当たり約六ペンスという計算になる。参考までに、サフォークのジェントリ未亡人であったアリス・ド・ブライアンの一四一二年十月〜一三年九月の記録と比較すると次頁上の表のようになった。

アリスの家政支出は、合計二二三ポンド七ペンス半(＝四六〇シリング七ペンス

アリス・ド・ブライアンとラングリィ家の家政支出表

年　月	アリス・ド・ブライアンの支出	ラングリィ家支出
1412年 10月分	37シリング 10ペンス	30シリング 10ペンス
11月分	21シリング 6ペンス	13シリング 9ペンス半
12月分	29シリング 9ペンス	18シリング 1ペンス半
1413年 1月分	47シリング 6ペンス	26シリング 3ペンス半
2月分	43シリング 6ペンス	13シリング 2ペンス
3月分	28シリング 4ペンス半	9シリング 2ペンス
4月分	41シリング 4ペンス半	10シリング 6ペンス
5月分	47シリング 8ペンス	11シリング 4ペンス
6月分	45シリング 5ペンス半	12シリング 11ペンス半
7月分	43シリング 2ペンス半	10シリング 4ペンス半
8月分	42シリング 9ペンス半	5シリング 半ペニー
9月分	31シリング 8ペンス	12シリング 9ペンス半
合　計	460シリング 7ペンス半	174シリング 6ペンス

※アリス・ド・ブライアンの家政支出については、レッドストーンの編による一九八四年の刊本にもとづき集計。ラングリィ家支出については、一四七三年四月から七四年三月まででアリスの家政に対応する月の支出額とした。

半)であった。一カ月当たり約三八シリング四ペンス、一日当たり約一五ペンスとなる。したがって、ラングリィ家は、食料品支出会計記録から見るかぎりアリスの家政の約三分の一の支出規模ということになる。アリス・ド・ブライアンの家中では、一日平均四五食(一日三食計算で一五人分、二食計算で、約二二人分)を供していたから、計算上、ラングリィ家は、単純にみると一日平均一五～一六食(一日二食計算で八人分)を供していたことになる。領主夫妻と料理頭サイモンおよび使用人が数人程度の小規模な家中であったと考えられる。

春

ラングリィ家の家政会計記録は、一四七三年三月十三日から始まっている。前章で冒頭第一葉を紹介したが、その後も四月半ばまでの購入記録はすべて魚介類とその運搬費および物品である(三六、三七頁参照)。三月十三日(土)には、ムール貝二〇〇個を二ペンス、カキ二〇〇個を四ペンス、シタビラメ一匹を五ペンス、カレイ一匹を二ペンスで購入している。三月十七日(水)には、カキ三〇〇個をニューポートの運搬船を使い、サフロン・ウォールデンから購入して

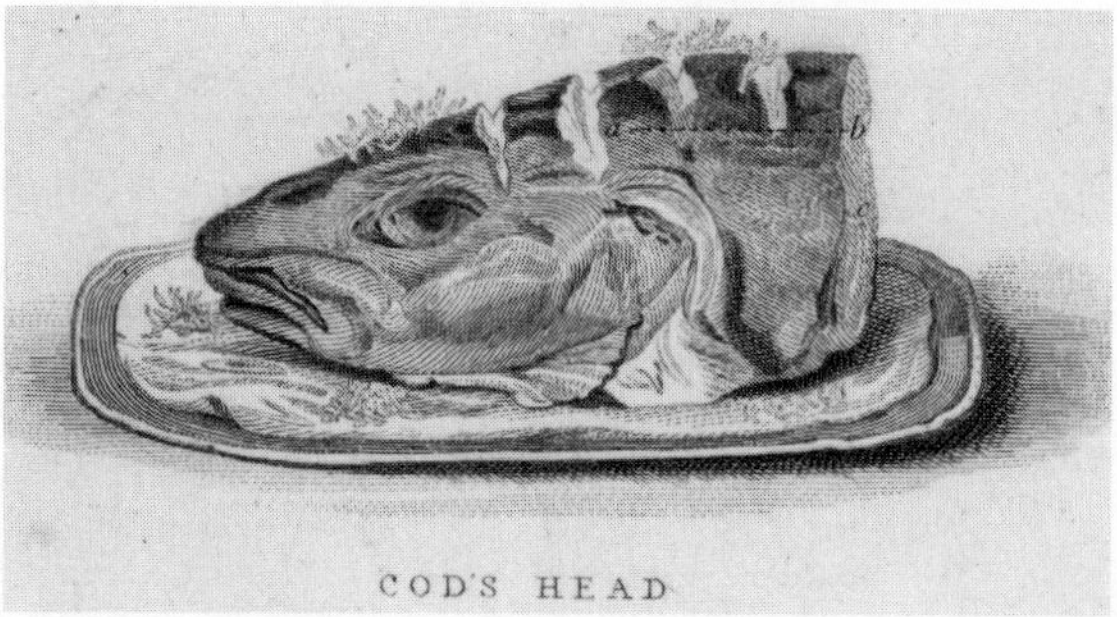

タラの頭

いる(金額欠)。魚は値段が高いものはシタビラメ、カレイ、エイ、タラの頭など、せいぜい数匹単位で購入し、それに比して貝類(カキ、ムール貝、ヨーロッパバイ貝、ザルガイ、トリガイ)は一〇〇個単位での購入である。なおタラの頭とは、タラの後頭部で十九世紀の料理事典にも高級食材としてでてくる。その部分を食したか、あるいはスープにしたものと思われる。高級魚の類は、ラングリィ家領主夫妻の口にしかはいらなかっただろう。

　ラングリィ家の領主館があるエセクスのリクリング・ホールは、ロンドンの北北東、ビショップス・ストーフォドとサフロン・ウォールデンのほぼ中間に位置し、現在のM11高速道路から二キロ西にはいったところに位置する。海岸までは、ビショップス・ストーフォド、チェムスフォドを経由してブラックウォーター川河口のモールドンまで、約五〇キロはある。カキや貝類を内陸まで生で運べたのか、あるいは煮るか干してから運んだのか、詳細は不明である。しかし推測するなら、現在と同じく海水をいれた樽などで運び、可能なら頻繁に水を換えることで、生きたままかなり内陸まで運べたのではないだろうか。カキや魚類はほぼすべてサフロン・ウォールデンかビショップス・ストーフォドの市場で購入し、ハットフィールドでも購入している。ハットフィールドからは馬丁を雇い、荷馬で運び一ペンスを運搬費として支払っている。のちにでてくるが、淡水魚は、サフロン・ウォールデンとリクリング・ホールのほぼ中間に位置するニューポートに養魚池があって、そこからケム川とその支流を伝っておそらく船で運んでいたのだろう。

それにしてもなぜ、この時期、購入されているのが魚介類だけなのだろうか。それは、四旬節(レント)という中世キリスト教の慣習にかかわっている。四旬節という言葉は四〇日間という意味で、キリストの復活を記念する復活祭の前の、日曜を除く四〇日間、キリストの断食にならい肉食を断つ期間とする習慣があったためである。復活祭は、春分の日のあとにくる最初の満月の次の日曜日とされていて、年によって異なる、いわば移動する祝日であった。一四七三年の復活祭は四月十八日であり、したがって四旬節は、三月三日から四月十七日までであった。ラングリィ家はこの慣習をしっかりと守っていたことがわかる。ちなみに肉類の購入が最初にあらわれるのは四月十七日(土)であり、牛の肩肉と首肉各一を一〇ペンスで購入している。十八日にだす予定のご馳走であ

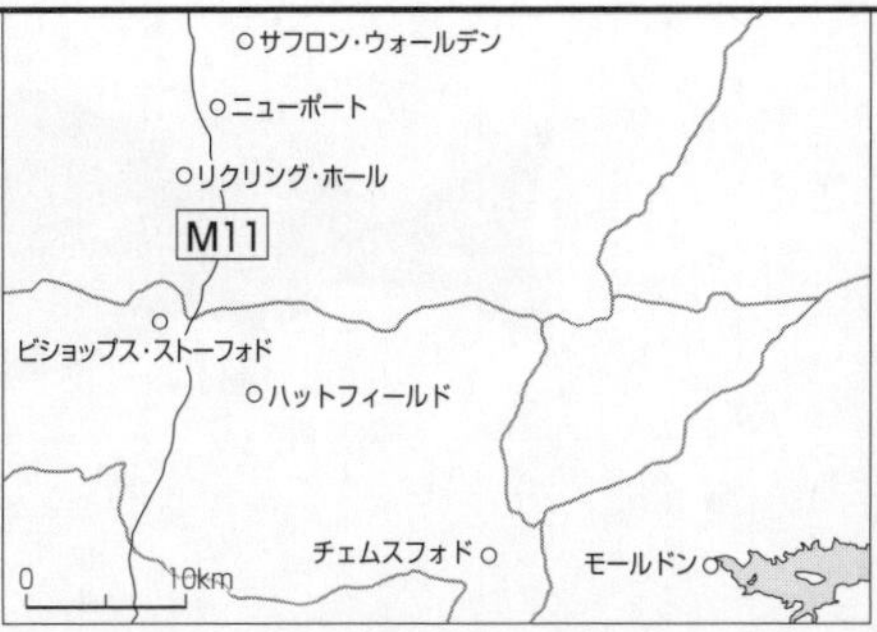

●―リクリング・ホール周辺地図

●―バーナム・ディープデイル教区教会のフォント（聖水盤）に描かれた農民の一年をあらわす歳時記（右から一月〜八月部分、ノルマン朝期）

1月：リュトン（角型カップ）で飲む人。
2月：暖炉で足を温める。
3月：根おこし作業。
4月：果樹の剪定作業。
5月：豊作を祈っての、祈願節の旗印と beating the bounds（52頁）の図。
6月：種蒔き。
7月：刈り取り。
8月：刈り取った麦を束ねる。
以下、向こう側で見えないが、
9月：脱穀。
10月：挽き臼で粉にする。
11月：家畜を殺してソーセージや塩漬け肉をつくる。
12月：宴会。

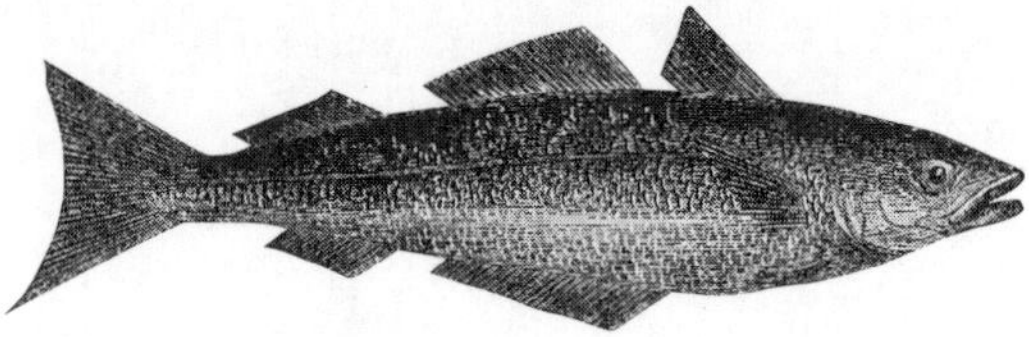

ホワイティング　体長は二七～四五センチメートル。

ったのだろう。

四旬節を過ぎると、カキがなくなり、ホワイティング（ヨーロッパ海域に生息するタラ科の小型魚）、干しダラやサバ、カニ、ウナギが登場する。また四旬節中は豊富な種類が購入されていた貝類が、四月末になると単に貝類と記され、しかも価格ではなく、その運搬賃だけが記されるようになる。かわって四旬節後には牛肉（四月二十四日〈土〉四ペンスなど）、子豚（四月二十五日〈日〉三ペンスなど）、雛鳥、雌鶏、去勢鶏、ガチョウ、子鹿肉（五月二十九日〈土〉四半身で七ペンス）や羊肉（六月二日〈水〉四半身で五ペンス）が購入されるようになる。ただし四旬節が終わったからといって、すぐに肉類だけを購入するわけではない。その時期の肉類は需要の高まりによって高価だろうし、しばらくは安価で供給がだぶつき、価格がさらに下がりつつある貝類や魚類も購入して倹約に努めたということだろうか。四旬節と魚の値段の関係について、ニシンを例に取り上げて見てみることにしよう。四旬節が間もなく終わりを告げる四月十四日（水）には、塩漬けニシン一〇〇匹を三ペンスで購入している。四旬節後しばらく姿を消すニシンは、八月二十日（金）からふたたび登場し、九月十八日（土）になると新鮮なニシンとなり、それは十一月十二日(金)まで続くが、その頃の価格はだいたい三ペンス前後である。ところが、四旬節真っ盛りの四月三日(土)に購入した塩漬けニシン一〇〇匹は二シリング三ペンス(二七ペンス)、四月十日(土)に購入したニシン五〇匹は一シリング三ペンス(一五ペンス)もしていた。このように四旬節中は魚介類の値段が非常に高かったことがよくわかる。

五月にはいると、アルコール飲料のための支出が見られる。五月八日(土)には、エール(ビール)醸造の原料としてモルト(麦芽、すなわち水につけて少し芽がでてきた大麦を乾燥させたもの)一クォーター(約二九一リットル)を八ペンスで購入している。また五月二十六日(水)には、ビール原料としてのホップ三樽分を三ペンス、小ホップ一九樽分を八ペンスで購入している。これらの原料を用いてエールやビールを自家醸造していたと思われる。なお基本的にアルコール飲料の購入は、ほかにはほとんどでてこない。ふだんは自家醸造したエールをもっぱら飲んでいたか、あるいは高価なアルコール飲料は別会計で購入されていたかであろう。ちなみにこの家政会計記録には、香辛料はほとんど登場せず、パン類はまったく記載がない。買わなくてすむものは自給自足していたか、香

「境界線を打ち据える」古来の習俗を紹介した風刺画（十九世紀）

辛料は時期を選んでまとめ買いし、高価なために別会計となっていたということだろう。

一四七三年五月二十七日（木）は、キリスト昇天日（復活祭の祝日から数えて四〇日目の木曜日）であった。それに先立つ三日間は、祈願節と呼ばれ、本来は断食（潔斎《けっさい》）と祈りをおこなう日であったが、キリスト教布教以前からの豊作祈願の習俗のなごりが中世ではみられたといわれる。ラングリィ家会計記録に見られるモルトやホップ購入は、夏に向けてのエール醸造準備のためであろうが、祈願節前後の豊作祈願に関係して酒の振る舞いをしたせいで、ストックが少なくなったからかもしれない。

豊作祈願の習俗としては「（大地の）境界線を打ち据える」〝beating the bounds〟と呼ばれる行事がその典型的なものであった。教区委員や司祭、聖歌隊の少年らが先頭に立って、教区の境界を礼拝行列して歩き、その年の教区の平穏と豊作とを願ったという。その意味では日本の虫送りの行事に似ている。また、教区や村の畑の境界線をみなで確認し若い者に覚えさせるという意味もあったらしい。中近世イギリスでは、少年たちが手に柳やカバノキの枝をもち、教区や村の境界の目印となる礎石や樹木などを、順に打ってまわるという行事でもあった。少年たちは、境界の目印の上で、たたかれたり川に放り込まれたりして、その場所を記憶に刻みつけるようにしいられたともいわれる。境界の目印が動かされたり流されたりした時に、人々の記憶によって、元の位置を確かめるためであったという。こうして人々は、畑や村の境界を確認しつつ豊作を祈願し、六月の種蒔きに備えたのである。

夏

家政会計記録から見るかぎりでは、夏には肉類がラングリィ家の食生活の中心だったらしい。もっとも多く見られるのは、雛鳥、若鶏、去勢鶏で、週一〜二回子豚か仔牛、それにごくまれにサバ、干しダラ、カワカマス、ウナギなどであった。記載から見て、食事は、朝食と正餐の一日二回であった。この家政会計記録からは、朝食用には若鶏や去勢鶏、ガチョウが多く、正餐用には雛鳥の場合が多かったことがわかる。同じ鳥類でも、朝食を若鶏や去勢鶏とすれば、その日の正餐には、より高級と思われる雛鳥をだしたり、調理法を工夫したり

食卓の鶏料理（十五世紀）

することで、単調にならないよう食事に変化をつけていたものと思われるが、残念ながらこの家政会計記録には香辛料の記載があまりなく、調理法まではわからない。なお、若い領主夫妻には、雛鳥以外の鳥は、一食分として二人一羽で十分だったようである。

鳥についていえば、雛鳥や若鶏の購入は、ストックが切れかかった時になされたようである。購入先の名前からすると、デイヴィッドの妻（六月十六日〈水〉、雛鳥一六羽に一二ペンス）、ジョン・マーシャルの妻（七月六日〈火〉、雛鳥一一羽に一〇ペンス）、ブランチングの妻（八月三日〈火〉、雛鳥一八羽に一六ペンス）、ベアトリス・キング（六月二十九日〈火〉、雛鳥二一羽に二〇ペンス）、ジョーン・ウルフ（十月一日〈金〉、ガチョウ八羽に二シリング四ペンス〈二八ペンス〉）など、女性からの購入が多い。使用人や、荘園の領民の妻が副業で飼育していたのかもしれないが、数がまとまっているのでけっこうな金額となっている。消費のようすを見ていると、例えば一八羽購入して九〜一二羽消費した時、次の購入が見られるように、半数〜三分の二程度を消費すると次が購入されていたようである。なお雛鳥や若鶏、ガチョウはその量からして生きたまま購入さ

▼**聖セバスティアヌス信心会**　聖セバスティアヌスに奉献された、俗人によって自発的に設立された信心団体(フラタニティ)。兄弟団ともいい、中世の多くの人々にとって社会的連帯を実現する場であった。聖セバスティアヌスは、ローマ皇帝ディオクレティアヌスのキリスト教徒迫害(三世紀)で殺害されたといわれる。矢を射られた姿で描かれ、黒死病に対する守護聖人とされた。

れ、消費するまで所領内で飼育されていたものと思われる。子豚の場合も同様だったと考えられる。

仔牛肉は六月十九日(土)、二十六日(土)、七月三日(土)、十日(土)にだけ購入されていて、すべて土曜日のみであり、金額はそれぞれ、一六ペンス、一八ペンス、二〇ペンス、二四ペンスであった。子豚の購入にはそれほど規則性はなく、金額は三ペンスが多い。なお、おそらくはリクリング教区教会の代理司祭から、子豚の贈り物を五回受けている。

魚は淡水魚を除けば、この時期はほとんど干物であった。

家政会計記録によれば、六月十九日(土)に、「聖セバスチャンの油」に一ペンスを支出している。それが意味するところは、切り傷に効く民間療法薬かもしれないし、あるいは聖セバスティアヌス信心会▲への灯明の寄進を意味しているのかもしれない。

六月二十八日(月)には、ワイン一樽、灰色のガウン、カーペット用糸に、二シリング一〇ペンス(三四ペンス)を支出している。

七月六日(火)には、引き具修理代として一ペンスをはらい、引き具を付けた

麦の収穫（「ラットレル・ソールター」の挿画）

牛一頭を四ペンスで、同十日（土）には引き具なしで牛一頭を二ペンス半で借りている。同十四日（水）には、馬具屋のロバートに、馬具用の羊の皮代として八ペンスを支払っている。刈り取った干し草を運んだり、麦を刈ったり、農作業のようすが目に浮かぶようである。

七月三十日（金）以降、年内はほぼ毎週、金曜日にカキ、ウナギ、干しダラ、ニシンなどをビショップス・ストートフォドなどの市場で購入し、荷馬と馬丁に半ペニー支払ってリクリング・ホールまで運んでいる。

秋

家政会計記録を見ると、肉類の購入は夏とあまり変わらないが、秋には、カキ、ウナギ、タラに新鮮なニシンや燻製ニシン、カレイ、エイにアナゴなど、毎週金曜日に購入する魚の種類が豊富になったので、食事のバラエティが増したことだろう。また調味料としてヴィネガー（ブドウ酒やリンゴ酒などからつくられる酢）も定期的に購入されるようになる。九月二十一日（火）には、ヨーロッパヤマウズラ（七一頁上段参照）もはじめて登場するが、これについては次章

●**雌鶏と雛鳥**（「ラットレル・ソールター」の挿画）　右側の雌鶏は、片脚に紐を付けて逃げられないようにしている。穀物の餌を与えている女性は、糸巻き棒（糸を紡ぐための棒）をかかえており、使用人だろうか。

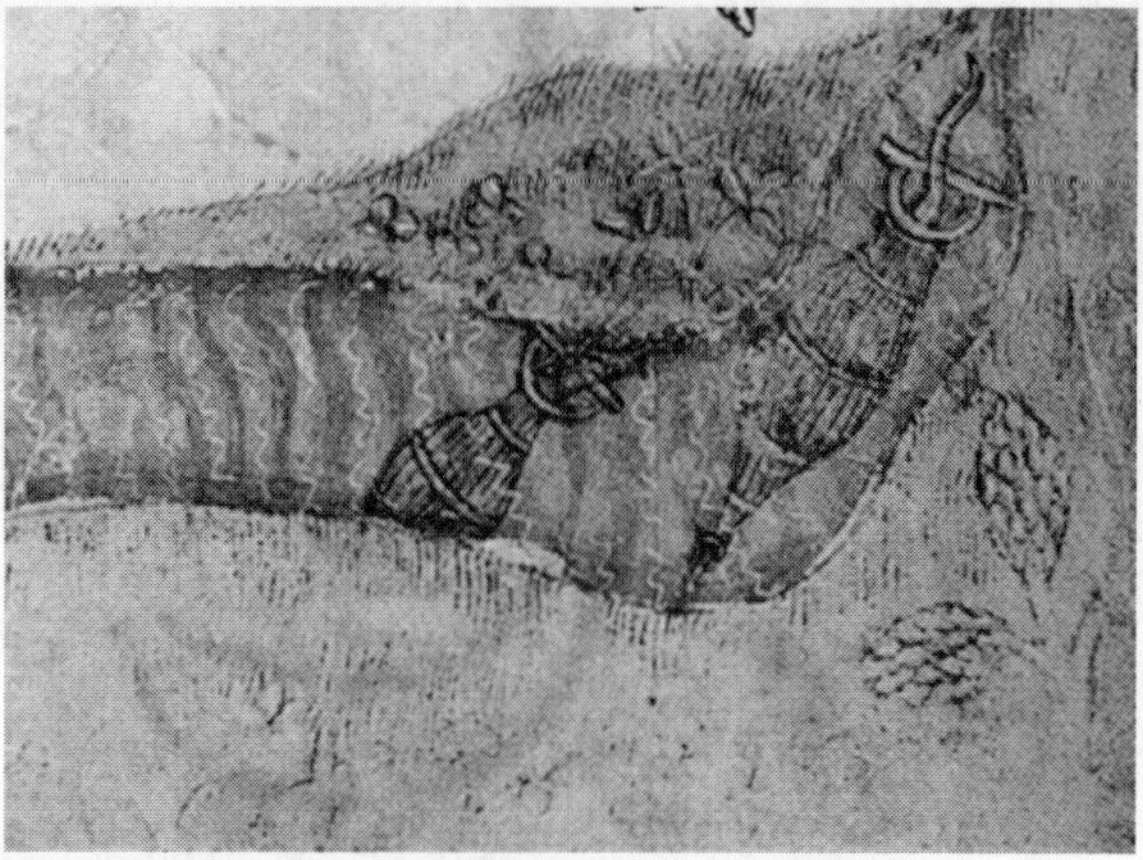

●**ウナギを捕る**（「ラットレル・ソールター」の挿画）

●**現代イギリスのウナギ漁の風景**　ウナギ捕り用のモジリ（筒状のしかけ）が中世と変わっていない。

▼四半期支払日　三月二十五日〈神のお告げ〈聖母マリアの受胎告知〉の祝日〉、六月二十四日〈洗礼者聖ヨハネの祝日、ミッドサマー・デイ〉、九月二十九日〈ミクルマス〉、十二月二十五日〈キリスト降誕日、クリスマス〉の四回。

で詳しく述べる。九月中は、水曜日に、ニューポートの養魚池からカマスを運んでいるが、その都度支払っているわけではなく、九月二十日(月)に、ニューポートの養魚池の漁師におそらくその月の運び賃として二ペンスを支払っている。

秋は麦の収穫でもっとも忙しい季節だった。ラングリィ家は、九月二十日に篩《ふるい》を二ペンス半で購入している。収穫した麦を、もみ殻と粒とに篩い分けるために使用したものであろう。領主は、収穫が終わると、しばしば食べ物や飲み物を領民に振る舞ったという。九月二十九日(水)はミクルマスといって、聖ミカエル祭を祝い、収穫に感謝し、市が立ち、そして賦課租を支払う四半期支払日▲の一つだった。ラングリィ家はミクルマス用に、おそらくサフロン・ウォールデンかビショップス・ストーフォドで開かれた市で、カキ五〇個、ホワイティング五匹、シタビラメ二匹、新鮮なニシンを計七ペンス半で購入し、運搬費として別に一ペンスを支払っている。またラングリィ家はその前日に、雛鳥二〇羽、カモ二〇羽、卵九〇個を合計二四ペンスで購入している。これらは、収穫を終えた振る舞い用であったのかもしれない。マドレーヌ・コズマン『ヨー

スプラットイワシ　体長一五センチメートルほどまで成長する。

ロッパの祝祭典』によれば、ミクルマスにはガチョウのローストが好まれたというが、ラングリィ家ではふだんからしばしばガチョウが食卓にのぼっており、ミクルマスではどうもそうではなかったらしい。また、収穫期以前に購入した子豚三頭一二ペンス、収穫期後に購入した子豚二頭六ペンス、そしてそれ以外の時期に購入した子豚二頭六ペンスの代金を清算していることが折丁Bからわかる。

冬

十一月になると、ラングリィ家の食卓には、新鮮なニシンや燻製ニシン、カキのほかに、小ダラ(マダラの幼魚など)や小ダラの切り身やエイ、アナゴなどが並び、十二月にはスプラットイワシがでてくるようになり、冬が始まる。ラングリィ家の家政会計記録からは、そんな冬に向けての準備のようすがよく伝わってくる部分がある。それは、樽の直し作業である。十一月十三日(土)には、酒樽の費用として一四ペンスが支払われている。また十一月二十四日(水)には、桶職人への支払いとして同じく一四ペンスが支払われており、その明細が記録

ミルク桶を頭にのせて運ぶ（「ラットレル・ソールター」の挿画・左）

▼大水桶　取っ手二つに棒を通し二人でかつぐ大きな水桶。

されている。大樽（五〇〇リットルほど）九個のたが締め直し作業、エール醸造用樽（一二〇～一四〇リットルほど）六個のたが締め直し作業、そして北の通船《つうせん》（はしけ）用に大水桶▲をつくる仕事、小さな桶一個の表面を削り直して、再度たがを締める仕事となっている。

また十二月四日（土）には、同じく桶職人に一六ペンスを支払っている。その明細によれば、家畜小屋用大樽製作一、桶のたが締め直し作業四、家畜用桶のたが締め直し作業六、洗い桶製作一、洗い桶の削り直し作業一、キッチンのエール樽のたが締め直し作業二、塩漬け用樽のたが締め直し作業三、（豚肉など）赤身肉を塩漬けするための大樽のたが締め直し作業三、ケメリン（エール醸造や塩漬け用）桶のたが締め直し作業一、である。ラングリィ家程度の小さな家中であっても、これだけ大量の樽や桶を必要としたことがわかる。冬を越すための塩漬け肉用の大樽、エール樽、市場で購入するカキや魚を運ぶための大水桶など、冬に向けてまだ使えるものは修理し、使えなくなったものをつくり直すなどして、冬越しの準備をしていたのである。

年末から新年にかけては、ご馳走と宴会や接待が続いたらしい。十二月八日

（水）には、家中の朝食用に子豚一頭が供されている。十二月二十二日（水）にはクワの実ワイン一ポットを三ペンス半で、二十四日（金）には仔牛一頭を二シリングで購入し、二十五日（土）クリスマスには、詰め物をした去勢鶏とローストした去勢鶏、ガチョウ各一羽に子豚一頭をストックから供している。十二月二十七日（月）にも、小修道院長からの贈り物である去勢鶏、ローストした去勢鶏、ガチョウ各一羽に子豚一頭、ヨーロッパヤマウズラ二羽をストックから供している。三十日（木）にはヨーロッパヤマウズラ一羽と子豚一頭を三ペンスで購入し、三十一日（金）には、市で、カキ一ペンス、ホワイティングと赤ホウボウを一二ペンスで購入し、半ペニー支払って届けさせている。また蒸留酒二ペンス、オイル漬け用魚六匹三ペンス、ヤマシギ一羽を一ペンス、それにミルクと卵を計二ペンス分購入している。

年が明けて一四七四年一月二日（日）には、領主夫妻と家中全員用として、雌鶏と去勢鶏一〇羽、ガチョウ五羽、子豚五頭、ヨーロッパヤマウズラ三羽、ウズラ二羽がストックから供されている。これは一度に供された量としては一年をつうじてもっとも多く、一月二日がラングリィ家にとって最大の宴会日であったようだ。家中だけで消費できる分量ではなく、招待客それに領民にも振る舞われたのかもしれない。

一月六日（木）公現祭▲（エピファニー）には、ガチョウ、去勢鶏、雛鳥、ヨーロッパヤマウズラ各一羽が領主夫妻に供されている。十一日（火）もほぼ同様である。一月十二日（水）には、ホスチア（聖餅）を半ペニーで購入している。おそらくラングリィ家の領主館には礼拝施設が付随していて、ミサをあげる資格をもつ司祭が家付きの聖職者だった場合には、主人夫妻は教区教会に足を運ばなくても、領主館付属のチャペルでミサにあずかることができたのだろう。そのために家のチャペル用にホスチアを買っているのではないかと考えられる。

一月二十六日（水）には、一ポンド（約四五〇グラム）のロウソクを一ペンス半で購入している。これはおそらく二月二日（火）の聖燭祭（キャンドルマス）に聖マリアに捧げるためであろう。聖燭祭とは、イエスの出産後、聖マリアの清めの期間（四〇日間）完了を記念する祝日で、聖マリアお清めの祝日とも呼ばれる。キャンドルマスには、ロウソクを灯して礼拝行列をおこなう習慣があった。ダフィ▲によれば、中世では、キャンドルマスには貴顕《きけん》も貧民もすべての教区民は、

▼公現祭　東方の三博士によるキリスト参拝と、キリストの洗礼を記念する日（一月六日）。キリスト降誕（十二月二十五日）から一二日後にあたる。

▼イーモン・ダフィ（一九四七～）　イギリスの宗教史家。著書に、『祭壇を裸にする――一四〇〇年から一五八〇年頃におけるイングランドの伝統的宗教』（一九九二年）、『モアバスの声――イギリスのある村における宗教改革と反乱』（二〇〇一年）などがある。

ホスチア　ミサ(聖餐式)で用いる円形薄型のパン。聖体として用いられる。史料中には singing bread と書かれている。

キャンドルマスの日、ロウソクを手に教会へゆく人々(一五五〇年頃)

女性聖人図が描かれた教会のスクリーン　エセクス、フォックスアース教会。中世のルード・スクリーンに上書きされた図。一般信徒や女性は、教会の身廊より東側、内陣部分にはいることができなかったから、内陣と身廊をへだてるスクリーンに描かれた女性聖人像に向かって、安産を願ってお参りをした女性が多かったことだろう。向かって左から、聖ヘレナ、マグダラのマリア、聖ドロテア、聖アポロニア。

手に長ロウソクを一本たずさえて、教区教会に集い、礼拝に参加することが義務付けられていたという。とりわけ無事に母親となれた女性にとっては大切な日であったことだろう。中世では出産は、母子にとってとても危険なイベントだった。母子ともに無事に出産を切り抜けた場合には、キャンドルマスは、産《さん》褥《じょく》明けに安産を感謝してのお礼参りとお宮参りという意味もあった。聖燭祭には、領主夫妻の食卓に去勢鶏二羽、ガチョウとヨーロッパヤマウズラ各一羽が供されている。

二月にはいると魚が食卓にのぼることが多くなってくる。羊の胸肉（二月十六日〈水〉、三ペンス）、羊の胸肉と肩肉（二月十九日〈土〉、六ペンス）やサケ（二月九日〈水〉、二月十八日〈金〉）が購入されたり、またチーズやバター（二月十二日〈土〉）が購入されることはあるが、三月にはいり四旬節がまた始まると、カキ、ムール貝、赤ホウボウ、スプラットイワシ、タラなどが多くなっていく。そしてまた春がやってくるのを待つのである。

④—滞在客の記録

家政会計記録から読み解けること

貴族や富裕なジェントリの領主館は、土地保有階層の上層から下層までが集い交流する重要な場である。この観点から、最近は中世後期の家政会計記録を史料とした社会史研究がおこなわれている。第二章でふれたウールガーが、一九九二年に中世後期イングランドの家政会計記録に関する二巻本の史料集を出版したことが、研究の活発化のきっかけと考えられる。しかしウールガーは史料集編纂にあたって、史料の類型分類を重視し、典型的な例を示すことに主眼をおいたため、紹介したそれぞれの史料がかかえていた歴史的背景について検討を加えることにやや手薄であった。

その点を指摘したのが、マディコット▲による一九九四年の研究である。マディコットによれば、ウールガー編の刊本には、第五代オクスフォード伯ロバート・ド・ヴィア▲の旅行会計記録が含まれているが、ウールガーは重要な事実を見のがしているという。この記録が明らかにしてくれるのは、オクスフォード

▼**ジョン・R・マディコット**(一九四三〜) イギリスの中世史家。著書に『シモン・ド・モンフォール』(一九九四年)、『イギリス議会の起源、九二四〜一三二七年』(二〇一〇年)などがある。

▼**ロバート・ド・ヴィア**(一二二〇頃〜九六) 第五代オクスフォード伯。シモン・ド・モンフォールに従った改革派諸侯の一人。シモン・ド・モンフォールの墓に詣でたとすれば、彼は改革運動の希望を捨てていなかったことになる。

伯が、おそらく一二七三年にイヴシャムのシモン・ド・モンフォール▲の墓に詣でて、献げ物をしているという政治史的に重要な事実である、という。一二七二年、国王ヘンリ三世の死去によりエドワード一世が王位を継承した。しかし、エドワードは一二七三年にはまだイングランドに戻っておらず、イングランドの政情は不安定であった。そのような時期に、大貴族であるオクスフォード伯が、改革派▲諸侯の星でありイヴシャムの戦い(一二六五年)でエドワードに敗れて戦死した、レスター伯シモン・ド・モンフォールの墓に詣でていることの政治史的意味は大きく、そうしたことを史料から読み解かないのは手薄であるとマディコットは指摘した。

また、スウェイビィ▲は、前章で述べたサフォークのジェントリ未亡人であったアリス・ド・ブライアンの家政会計記録をもとに一連の研究を一九九八年から出版している。これらの研究でスウェイビィが強調していることは、ジェントリの衣食住の具体相だけでなく、地域社会で有力ジェントリが担っていた社会的役割や、地域政治社会の人的ネットワークが、一年をつうじてどのようなリズムで機能していたのかが、アリスの家政会計記録から読み解ける、という

▼シモン・ド・モンフォール(一二〇八頃〜六五)　第八代レスター伯。国王ヘンリ三世(在位一二一六〜七二)に対抗した改革派諸侯の指導者。支持勢力を結集する目的で、大貴族・高位聖職者の会議に、州代表騎士と都市代表を招集した「シモン・ド・モンフォールの議会」を開催した(一二六四〜六五年)。一二六五年八月、西部イングランドのイヴシャムで戦死し、その遺体の一部はイヴシャム修道院附属教会内陣に埋葬されたといわれる。

▼改革派　一二五八年、国王ヘンリ三世による諸侯への課税要求をきっかけとして、レスター伯シモン・ド・モンフォールを指導者として国政や地方行政の政治改革を要求した諸侯の一派。

▼フィオナ・スウェイビィ　イギリスの中世史家。著書に、『中世のジェントルウーマン——中世後期のジェントリ家政における生活』(一九九九年)がある。

点であった。

ちなみに、アリスの家政会計記録に記されている招待客の順番は、じつは宴会での席次をあらわしていると考えられ、そこからおもしろい意味を読み取ることができる。試みに一四一二年十二月二十九日から一週間の記録を招待客リストにおけるミンストレル▲の順番の変化に着目してながめてみよう。スウェイビィは言及していないが、二十九日に招待客リストの後半にはじめて出現したミンストレルは、年末から新年にかけての宴会余興で重要な役割を担った時には、招待客リストのトップに近い順番で記載されているが、日がたつにつれて順番が下がってゆき、やがて招待客リストから姿を消してしまう。このように、リストに記載された順番は、食事や宴会での席次(序列)を忠実に反映していると考えられ、ここからも地域政治社会の人的ネットワークにおける序列が読み解ける可能性があるといえよう。

エセクス伯がいたとき……

残念ながらラングリィ家の家政会計記録には、滞在客のことはほとんど書か

▼**ミンストレル**　吟遊詩人。王侯貴族やジェントリの館での祝宴に招かれ(雇われて)、詩やバラッド(俗語歌謡)を披露した。都市の祝祭でも雇用されることがあった。

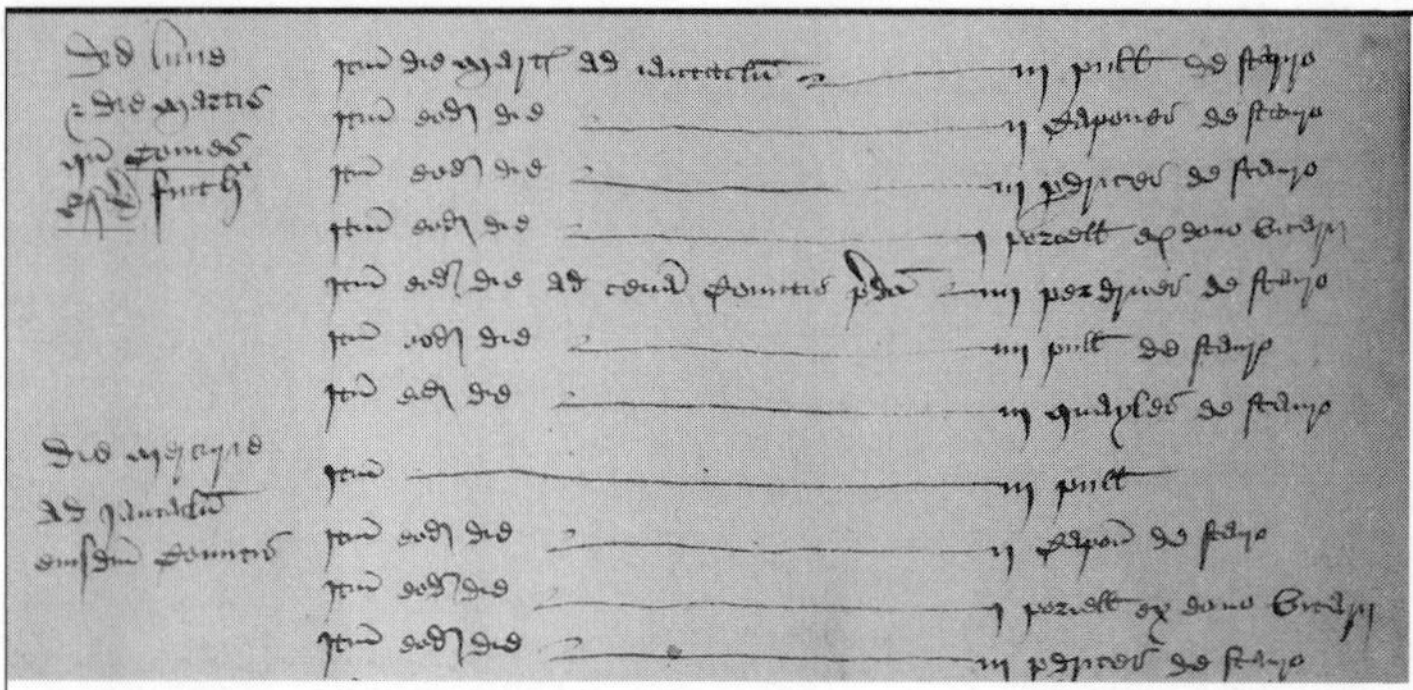

●――ラングリィ家の家政会計記録、第六葉裏の一部

7	月曜日（9/20）と	一、火曜日（9/21）、朝食用に雛鳥3羽をストックから。
8	火曜日（9/21）	一、同日、去勢鶏2羽をストックから。
9	すなわちエセクス	一、同日、ヨーロッパヤマウズラ（perdrices = perdix =partridge ）3羽をストックから。
10	伯がここにいたとき	一、同日、代理司祭の贈り物から、子豚1匹。
11		一、同日、上述の（エセクス）伯の正餐用に、ヨーロッパヤマウズラ4羽をストックから。
12		一、同日、雛鳥4羽をストックから。
13		一、同日、ウズラ（quayle）3羽をストックから。
14	水曜日（9/22）	一、雛鳥3羽をストックから。
15	朝食用に	一、同日、去勢鶏2羽をストックから。
16	同伯の	一、同日、代理司祭の贈り物から、子豚1匹。
17		一、同日、ヨーロッパヤマウズラ3羽をストックから。

※各行冒頭の数字は行数を示すが、写真は7行目からの部分を切り取ったものである。下線は著者による。

●――ラングリィ家の家政会記録の分析

水曜日と金曜日に肉類の購入金額が大きい理由は、雛鳥の定期購入が多かったためである。ラングリィ家の一週間の消費傾向を正確に反映しているのは、上から二番目のグラフである。

魚介類・肉類の曜日別購入金額（ペンス）

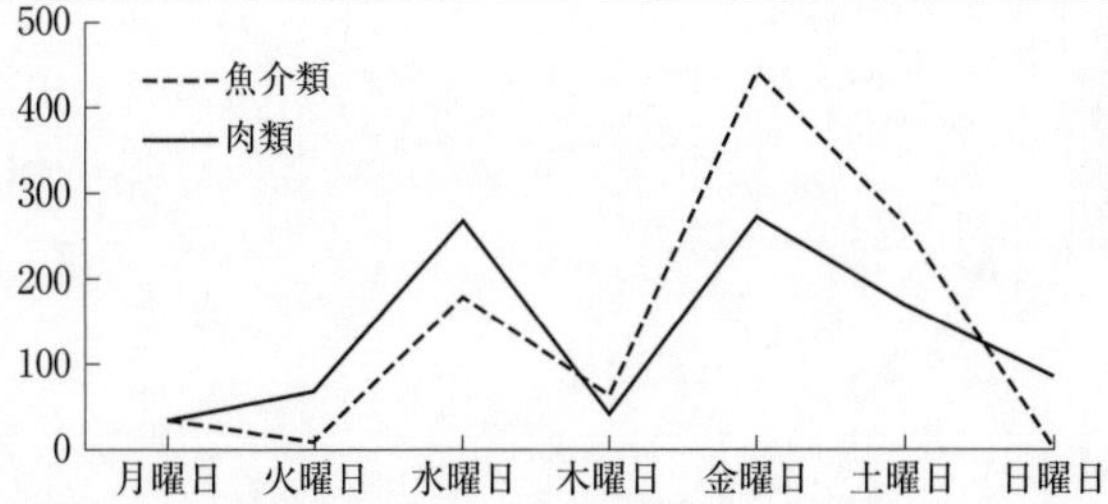

魚介類・肉類の曜日別購入・消費数（回数）

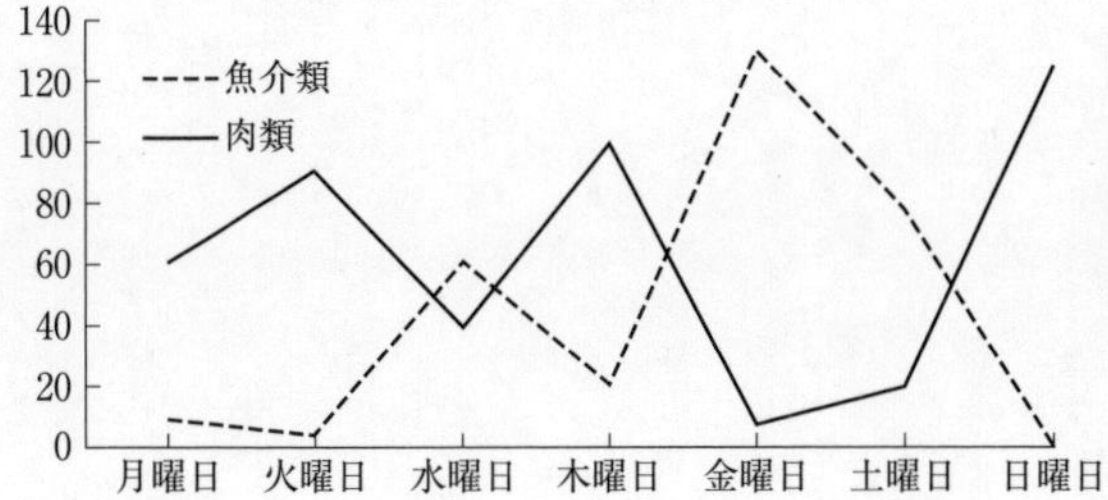

魚介類・肉類の月別購入金額（ペンス）

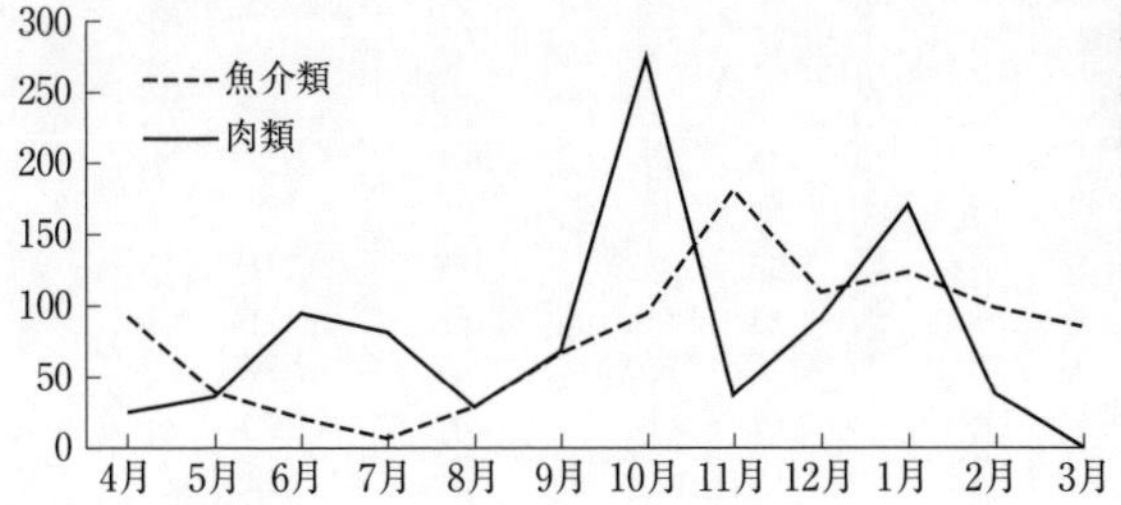

魚介類・肉類の月別購入・消費数（回数）

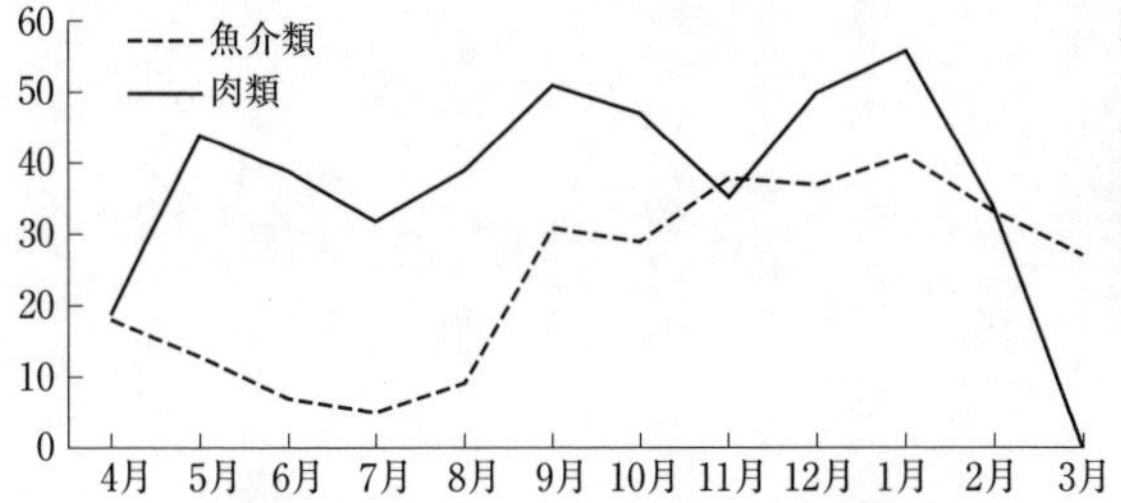

一年間の費目別購入・使用回数割合

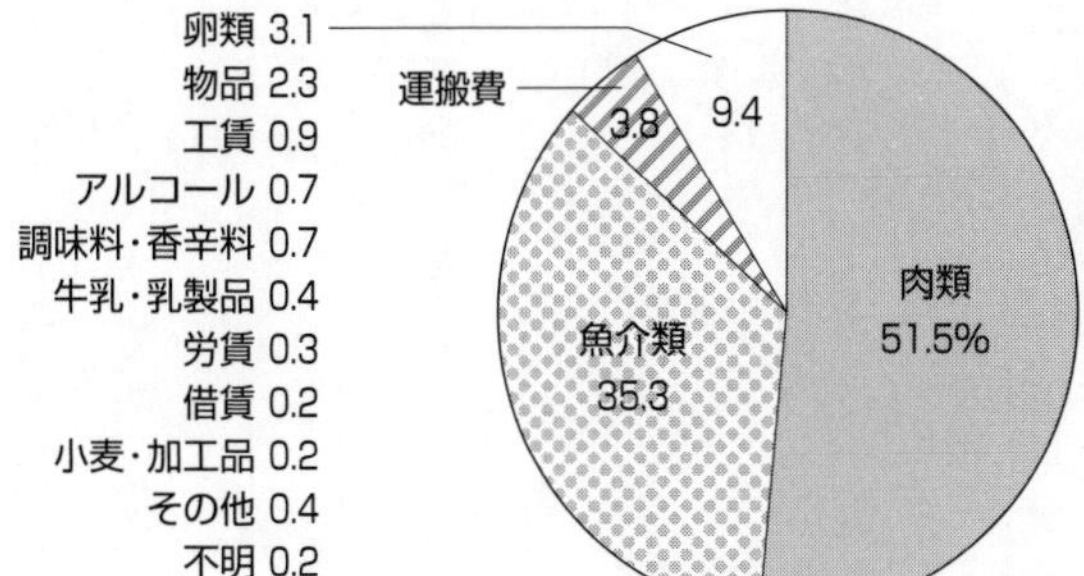

れていないが、数カ所、滞在客名にふれている部分が存在する。前章の秋の部分(五六頁参照)で、ヨーロッパヤマウズラが九月二十一日にはじめて登場したことを述べたが、じつはそれは特別な滞在客、エセクス伯のためであった。

以下は、ラングリィ家の家政会計記録、第六葉裏の一部、七行目から一七行目までの部分である(六九頁参照)。

エセクス伯滞在中の、九月二十一日は、朝食に雛鳥三羽・去勢鶏二羽・ヨーロッパヤマウズラ三羽・子豚一頭、正餐にヨーロッパヤマウズラ四羽・雛鳥四羽・ウズラ三羽、二十二日には、伯の朝食用に雛鳥三羽・去勢鶏二羽・子豚一頭・ヨーロッパヤマウズラ三羽、また家政の女主人の朝食用に、カマス一匹を消費している。肉類数種が同時に供せられ、特別な会食だったことがわかる。雛鳥が一羽で一人分、去勢鶏が一羽で二人分とすれば、この消費量から、エセクス伯一行は、少なくとも一〇人程度だったと考えられる。なお、前日の九月二十日には、ロウソクを吊すための鈎型《かぎがた》燭台購入または借用に二ペンスを支出しており、食卓をかざりたてるために準備されたものと考えられる。

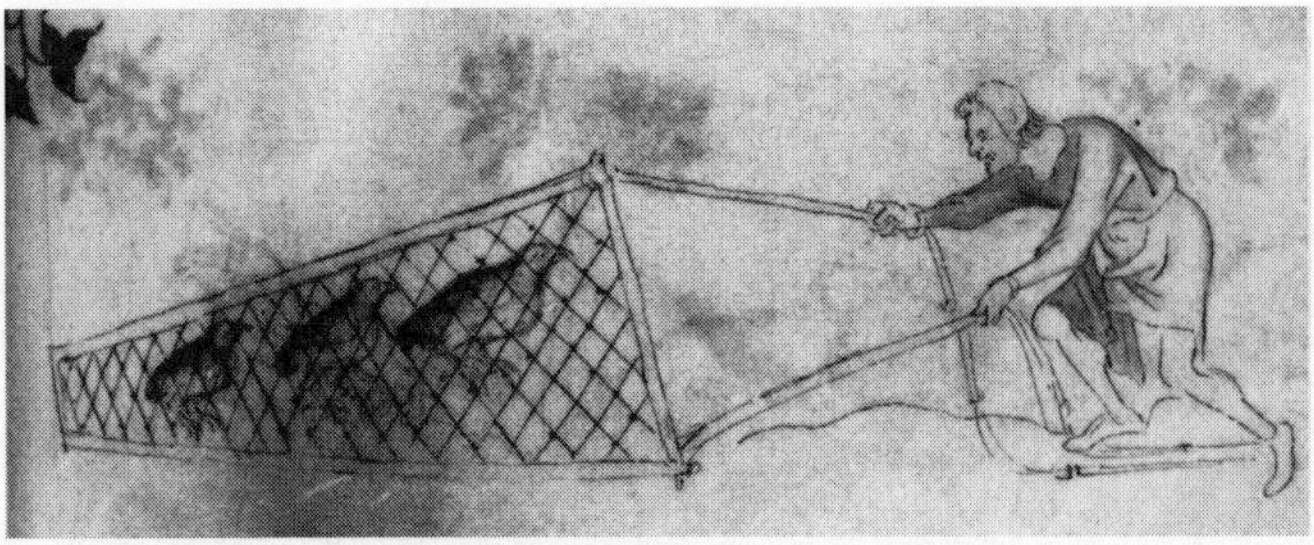

ヨーロッパヤマウズラを網で捕まえるようす

「身分」にふさわしい食べ物——ヨーロッパヤマウズラの例

ここではじめて登場する、ヨーロッパヤマウズラにはどんな意味があるのだろうか。森本英夫『中世フランスの食』から引用してみよう(訳語を一部改変)。

体を動かさずに静かな生活を送っている高貴で富裕な人々に適した相応しい食べ物がある。それはヤマウズラ、キジ、若鶏、去勢若鶏、野ウサギ、子ヤギそれに家ウサギであり、様々な味つけをして食べる。頑強で、仕事で汗を流して暮らしている人々には別の食べ物が相応しい。それは牛と羊の肉であり、塩漬け豚であり、鹿、エンドウ豆、空豆、大麦パンそれに小麦で作ったパンである。(十四世紀の料理テクストより)

十四世紀に流布した、アラビア語から訳された『健康全書』からは、ヤマウズラやキジが、熱・冷・乾・湿の基本的性質をもっともバランス良くもっていること、熱↕冷をタテ軸に、乾↕湿をヨコ軸にとって表にするならば、真ん中に位置することが示されている。こうして見てくると、ラングリィ家の手にはいるもっともバランスよく高貴な食材が、ヨーロッパヤマウズラであったといえよう。なおラングリィ家は、購入したり捕まえたりしたヨーロッパヤマウズラを、ふだんは籠のような檻にいれて飼育していたことが、十月二十日の記録からわかる。

さて以下では、ラングリィ家に滞在したエセクス伯とはどんな人物で、ラングリィ家とどのようなかかわりにあったのか、またこの時期に滞在したことの意味について、考えていくこととしよう。

エセクス伯ヘンリ・バウチャーの滞在

ここに記されているエセクス伯とは、初代エセクス伯ヘンリ・バウチャー（一四〇八頃～八三）である。この時期ちょうど、イングランド財務府長官、いわばイングランド王国の財務大臣を務めていた。彼の出自や経歴を見ていこう。

彼は、国王エドワード三世▲の末の息子であったグロスター公トマス・オブ・ウッドストック▲の娘、アン・プランタジネット▲と、ウー伯ウィリアム・バウチャー▲との長男である。なおエセクス伯家の本拠地はエセクスのハルステッドにあった。一四二六年にケンブリッジ伯リチャード▲の娘で、ヨーク公リチャード▲の姉イサベル（すなわち、のちの国王エドワード四世▲の伯母にあたる人物）と結婚し

▼エドワード三世（一三一二～七七）　プランタジネット朝の国王（在位一三二七～七七）。母はフランス国王フィリップ四世の娘。母方を通じてのフランス王位継承権を主張して百年戦争を起こした。

▼トマス・オブ・ウッドストック（一三五五～九七）　初代グロスター公。

▼アン・プランタジネット（一三八三頃～一四三八）　初代グロスター公長女で、父の唯一の相続人。また母は、エセクス伯（ブーン家）の女子共同相続人。エセクス伯ブーン家が途絶えたあと、父グロスター公がエセクス伯を継ぎ（第四次叙爵）、そのあとをアンの息子ヘンリ・バウチャーが第五次叙爵によって、一四六一年にバウチャー家として初代エセクス伯となった。

▼ウィリアム・バウチャー（一三七四頃～一四二〇）　初代ウー伯。国王ヘンリ五世（在位一四一三～二二）により初代ウー伯に叙せられた。

ている。このように王族の血を引き、ヨーク朝との関係が深かった人物である。一四六一年、即位したヨーク朝エドワード四世により初代エセクス伯に叙された。弟に、カンタベリ大司教にしてイングランド尚書部長官を務め、枢機卿になったトマス・バウチャー▲がいる。なお、彼の名は、本書第一章、ラングリィ家の家政会計簿にはさみ込まれていた動産目録（第三葉）裏に、文書宛名の練習例「枢機卿にしてカンタベリ大司教のトマス」として登場している。

エセクス伯は、祖母から相続をつうじて、エセクスやサフォークに広大な所領を獲得していた。息子の代の財産目録によれば、ハルステッドを中心に、西はビショップス・ストーフォード近郊のリトル・ホーリングベリやチェスターフォードから、東はコルチェスターやウェイクリングまでの約二五マイルに及ぶ一連の広大な荘園を保有していたという。

バラ戦争という背景

ラングリィ家領主夫人キャサリン・ラングリィは、旧姓をアーズウィックといった。ラングリィ家に一四七三年九月に滞在したエセクス伯は、じつはキャ

▼ケンブリッジ伯リチャード（一三八五～一四一五）　第三代ケンブリッジ伯。国王ヘンリ五世に対して反乱を起こし処刑された。

▼ヨーク公リチャード（一四一一～六〇）　第三代ヨーク公。のちのヨーク朝国王エドワード四世とリチャード三世の父。バラ戦争、ウェイクフィールドの戦いで戦死。

▼エドワード四世（一四四二～八三）　マーチ伯エドワード。セント・オールバンズの第二の戦い（一四六一年二月）に勝利し、ヨーク朝の国王エドワード四世として即位（在位一四六一～八三）。

▼トマス・バウチャー（一四一一頃～八六）　初代ウー伯の次男。カンタベリ大司教（在位一四五四～八六）にしてイングランド尚書部長官（一四五五～五六）を務め、枢機卿（一四七三～八六）になった。

サリンの父親トマス・アーズウィックの直接の上司であった。アーズウィック家やエセクス伯バウチャー家は、バラ戦争のなりゆきに浅からぬ縁をもっていた。そこで、この滞在の意味を考えるには、当時の歴史的背景であるバラ戦争についてふれておく必要がある。

一四五五年から八五年にかけて、イングランド王位をめぐりランカスター家とヨーク家が争ったとされるバラ戦争は、百年戦争の敗北や国王ヘンリ六世▲の心神喪失などの問題を背景とする政治的危機をきっかけとして始まった。その結果、大貴族をはじめとして地域の領主層であるジェントリまでが、両派に分かれて加わり、断続的に軍事衝突を繰り返す内乱の様相を呈した。断続的な軍事衝突は大きく分けて三つの段階として繰り返された。

その第三段階、すなわち最後の局面に登場するヨーク家最後の国王リチャード三世▲は、シェークスピア史劇の印象が強く有名である。ボズワースの戦い(一四八五年)で敗死したあと、埋葬された場所がわからなくなっていたが、最近レスター市の駐車場(中世にはフランシスコ会修道院があった)から発掘された遺体がＤＮＡ鑑定によりリチャード三世のものであることが判明し、話題と

▼ヘンリ六世(一四二一〜七一) ランカスター朝最後の国王(在位一四二二〜六一、七〇〜七一)。

▼リチャード三世(一四五二〜八五) ヨーク朝最後の国王(在位一四八三〜八五)。ジョセフィン・テイ『時の娘』は、このリチャード三世の肖像画(イギリス肖像画美術館蔵)をヒントに書かれた歴史ミステリ。

バラ戦争関係年表

	出来事
1399年	ランカスター家ヘンリ4世即位。
1435年	アラス和議。
1450年	シェルブール陥落し、イングランドのノルマンディ占領統治終わる。
1453年	ボルドー陥落。アンジュー家のガスコーニュ支配終わり、百年戦争終結。ヘンリ6世、心神喪失状態となる。
1455年	セント・オールバンズの最初の戦い。バラ戦争始まる。
1460年	ノーサンプトンの戦い。ヘンリ6世、ヨーク軍の捕虜となる。王妃マーガレット、ランカスター軍を率いる。
	ウェイクフィールドの戦い。ヨーク公戦死。ランカスター軍は南下するもロンドンに入城できず。
1461年	故ヨーク公の子であるマーチ伯エドワード、ロンドンに入城し、市民の支持をえて、エドワード4世として王位を宣言。タウトンの戦いでヨーク派勝利し、支配を確立（バラ戦争第1段階終わる）。
1464年	エドワード4世、エリザベス・ウッドヴィルと秘密結婚。
1469年	エッジコットの戦い。バラ戦争第2段階始まる。
1470年	ウォリック伯により釈放されたヘンリ6世が復位する。
1471年	エドワード4世、復位。バーネットの戦いでウォリック伯戦死。テュークスベリの戦いでヘンリ6世の王太子エドワード戦死（バラ戦争第2段階終わる）。ヘンリ6世、殺害される。
1473年	**ラングリィ家の家政会計記録が書かれ始める。**
1483年	エドワード4世死去。エドワード5世即位するも廃位され、エドワード4世の弟グロスター公リチャードがリチャード3世として即位。バラ戦争第3段階始まる。
1485年	ボズワースの戦い。リチャード3世戦死し、テューダー家のリッチモンド伯ヘンリがヘンリ7世として即位。
1487年	ストークの戦い。ヨーク派残党は戦死し、バラ戦争終わる。

ヘンリ七世（一四五七〜一五〇九）　リッチモンド伯ヘンリ。フランスに亡命していたが、一四八五年八月に南ウェールズに上陸、ボズワースの戦いに勝利し、テューダー朝初代国王（在位一四八五〜一五〇九）となった。バラ戦争をおさめて集権国家の基礎をつくった。

なったことは記憶に新しい。

ランカスター家に連なるテューダー家のリッチモンド伯ヘンリが、一四八五年にヘンリ七世として即位した。彼は、ヨーク家エドワード四世の娘エリザベス▲と結婚し、ランカスター家とヨーク家の合同を強調しようとしたが、ヨーク家に連なる王位継承者や有力貴族は次々に反乱を起こし、それらを排除することで、テューダー家の王位は次第に確固たるものになっていった。こうして広範な土地所有を基盤とする貴族や諸侯が政治を左右する時代は終わりを告げつつあった。

十六世紀にはいると、テューダー朝は行財政機構を整備し、それによって強大な王権を支えるシステムをつくりあげていく。宗教改革への対応のなかで、明確な領域と、君主を唯一の中心とする、統一的なまとまりをもつ主権国家への道を歩みはじめ、やがて主権国家がたがいに競い合うという構図、いわば国際関係が生まれ、中世とは異なる近世社会に移行してゆくことになる。

▼エリザベス・オブ・ヨーク(一四六六～一五〇三)　ヨーク朝エドワード四世の娘。一四八六年一月十八日にヘンリ七世妃となる。

▼リチャード・リッチ(?～一四六四)　遺言書が現存している。ロンドンの呉服商であったリッチ家については、アイリーン・パウア『中世に生きる人々』の第五章「トマス・ベトソン」を参照されたい。

▼ウォリック伯リチャード・ネヴィル(一四二八～七一)　第一六代ウォリック伯。ネヴィル家はもともとランカスター家の引き立てを受けた家系だが、一四五三年以降、ヨーク家を助けエドワード四世の即位を支えた。しかしネヴィル家の影響力を排除しようとしたエドワード四世に対し、六九年に反乱を起こした。七

○年にはヘンリ六世を一時復位させたものの、バーネットの戦いで七一年に戦死した。写真は、戦死するまでウォリック伯がはめていたとされる指輪。伯の印章の母型でもあった。

▼**トマス・フォーコンバーグ**（?〜一四七一）　ウォリック伯の叔父にあたる。ウォリック伯の反乱では、ウォリック伯派を率いロンドンを開城させようと試みて失敗し、反乱終結後に処刑された。

キャサリンの実家アーズウィック家とヨーク派

さて一四七三年の時点に心をとどめつつ、まずキャサリン・ラングリィの父であるトマス・アーズウィックについて整理してみよう。彼は、当時のロンドン人の常として、ヨーク派であった。一四五五年には、ロンドンの都市慣習や裁判を管轄する都市の司法役職であるロンドン市裁判官となり、以降、ロンドン市の幹部であった。彼は、一四五七年頃までに、ロンドンの富裕な呉服商であったリチャード・リッチ▲の娘アンと結婚し、そして生まれたのがキャサリンである。

バラ戦争の内乱第二段階である一四七一年、ウォリック伯▲による反乱で一時亡命していたヨーク朝の国王エドワード四世が帰国すると、アーズウィックはひそかにエドワードをロンドンへとむかえいれる重要な役目を担った。同年五月四日のテュークスベリの戦い後、ロンドンを襲ったフォーコンバーグ▲らの攻撃を果敢に退けると、その功により同年六月十四日、ナイト位を授けられ、翌一四七二年五月二十二日には、財務府裁判所の首席裁判官に任じられた。このようにアーズウィックは、国王エドワード四世と関係が深く、その影響でロンドンに関する役職にもたびたび就任し、ロンドンとヨーク派とをつなぐ重要な鍵であった。しかし実際に財務府裁判官を務めたことはあまりなく、もっぱら市政にかかわり、一四七九年に死去し、エセクスのダグナム教会に埋葬された。

一四七三年におけるエセクス伯の動き

ではエセクス伯は、一四七三年前後、どのような動きをしていたのだろうか、それをみてみよう。バラ戦争内乱第二段階の一四七〇年、ランカスター朝ヘンリ六世の再登位にあたり、ヨーク家に近いエセクス伯は逮捕されるが、脱出してエセクスで蜂起し、ヨーク朝の国王エドワード四世の復位を助けた。翌七一年、バーネットの戦いで息子の一人を失うも、トマス・ネヴィル率いるケントの反乱を鎮圧し、イングランド南東部での影響力を強めた。

一四七三年五月二十八日、第十三代オクスフォード伯ジョン・ド・ヴィア▲率いる約四〇〇人のランカスター派反乱軍が、フランスのディエップから英仏海峡を船で渡ってエセクスのセント・オシスに上陸した。しかしエセクス伯は軍を率いて駆けつけ、これを撃退していることが、パストン家の夫婦が取り交わ

▼オクスフォード伯ジョン・ド・ヴィア（一四二二〜一五一三）　第十三代オクスフォード伯。ランカスター派で、ウォリック伯の反乱後、フランスに亡命していた。一四八五年、リッチモンド伯ヘンリ（のちのヘンリ七世）とともに南ウェールズに上陸し、その即位を助けた。

▼『パストン・レターズ』　百年戦争やバラ戦争の時期に、ジェント

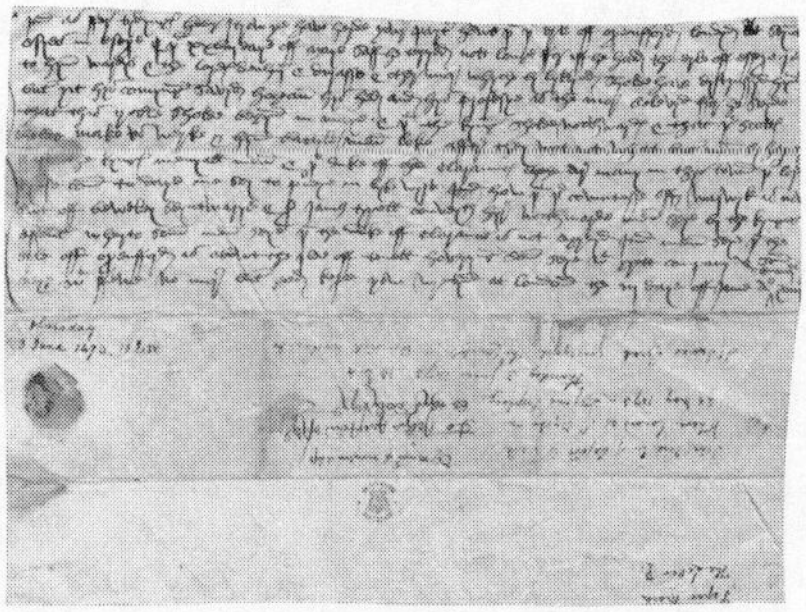

リが遺した、家族間で取り交わした手紙を中心とする家系文書史料。フランシス・ギース、ジョゼフ・ギース『中世の家族』で読むことができる。「この辺には人のなめし革から長い革紐を切り取る連中がいる」から油断ならない、とか、お前の「髪の毛の数よりたくさんの手下」がこちらにはいるといったような、当時の生の声が伝わってくる史料である。写真は、『パストン・レターズ』より、オクスフォード伯上陸を知らせる手紙。

した書簡（『パストン・レターズ』▲）に伝聞として記載されている。夏の間、オクスフォード伯反乱軍はイングランド南部の沿岸を動き回り、数日後にケントのサネット沖合にいるところを目撃されている。九月三十日には、コーンウォール沖合のセント・マイケルズ・マウント（島）を占領したという。国王エドワード四世は、十月初旬、議会開催のためロンドンに到着し、これを撃退するよう命じている。

エセクス伯のリクリング滞在（九月二十～二十二日）は、したがって、夏のオクスフォード伯撃退戦から、召集されたロンドンでの議会開催までの間ということになる。この家政会計記録における九月の記録は、パストン家の噂の確かさの傍証となっている。またエセクス伯が撃退戦後、しばらくエセクスにとどまり、ランカスター派の再上陸を警戒し待機していたことがこの家政会計記録から明らかとなったといえる。

さてキャサリンの父、トマス・アーズウィックは、一四七二年から財務府長官エセクス伯のもとで首席裁判官を務めており、いわばエセクス伯の直属の部下であった。まだ十六歳と若いキャサリンや、新婚家庭のようすを見てきてほしいという父の依頼があったかもしれない。もともと結婚取り決めから、エセクス伯が関係していた可能性もある。このようなことが、時代背景と照らし合わせることで明らかとなった。

その後

この家政会計記録があつかっている一四七三〜七四年以降、キャサリンとヘンリ・ラングリィはどうなっていったのか、気になる方もおられるだろうから、その後について簡単に記しておきたい。ヘンリ・ラングリィについてはほとんどなにもわからない。キャサリンは、夫ヘンリ・ラングリィに先立たれて未亡人となり、再婚しないままエセクスのリクリング・ホールと、ロンドンとを行き来して生活しながら晩年をむかえ、一五一一年に死去、ロンドンのグレイフライアーズ修道院附属教会に埋葬されたことが、遺言書や墓所記録からわかっている。ヨーク派寄りだった父をもつキャサリンは、テューダーの世になって、頼れる身寄りがあったのだろうか。

キャサリンは父の死後、親戚にあたるクリストファー・アーズウィックとのかかわりを深めていったように思われる。クリストファー・アーズウィックはケンブリッジ大学で教育を受けたのち、ダービー伯トマス・スタンリィ▲と結婚していたマーガレット・ボーフォート▲の知己をえて、一四八二年頃、マーガレット付き聖職者にして個人聴聞司祭▲となった。一四八三年、リチャード三世が即位すると、ブルターニュに亡命していたマーガレットの息子リッチモンド伯ヘンリ（のちのヘンリ七世）を、故エドワード四世の娘エリザベス・オブ・ヨークとひそかに結婚させる目的で、クリストファー・アーズウィックはフランドルとイングランドとを何度も往復するなど、交渉で重要な役割を担った。一四八四年、アーズウィックはヘンリ付き聖職者にして個人聴聞司祭に任じられ、亡命中のヘンリに付き従った数少ない人物の一人となった。一四八五年八月七日、ウェールズのミルフォード・ヘイヴンに上陸したヘンリとともに、ボズワースの戦いにも参加している。見返りにヘンリ七世は、アーズウィックにウェストミンスタやロンドンなどのさまざまな聖職禄▲を与えている。ヘンリ七世は、一四九六年まで外交使節としてアーズウィックを多用し、ローマ教皇庁やフランス、スコットランド、ドイツにアーズウィックは出向き、また王太子アーサ

▼トマス・スタンリィ（一四三五頃〜一五〇四）　初代ダービー伯。リッチモンド伯未亡人のマーガレット・ボーフォートと、一四七二年頃までに結婚した。

▼マーガレット・ボーフォート（一四四三〜一五〇九）　エドワード三世の血を引くボーフォート家出身。初代リッチモンド伯エドマンド・テューダー（一四三〇頃〜五六）と結婚しヘンリ・テューダー（のちのヘンリ七世）を生んだ。

▼個人聴聞司祭　俗人は、年に一度、犯した過ちを心から反省して聖職者に告白し、神の赦しを乞う告解という信仰儀礼を、属している教区教会司祭に対しておこなう義務があった。王侯貴族は、そのためにある特定の聖職者を個人聴聞司祭として任命することができた。

▼聖職禄　教会の職と関連して、教会の保有財産から一定の収入をえる権利、またその収入のこと。中世では、聖職禄が、教会の仕事とは別に、俗人に付与されることもあった。

ーとキャサリン・オブ・アラゴン（一四八五〜一五三六）との結婚交渉にも出向いている。一四八三年以来、エラスムスやトマス・モアとも親交があった。彼は一五二二年に死去している。キャサリン・ラングリィは、この親戚をつうじて、おそらくマーガレット・ボーフォートとも近しく、他の富裕な未亡人とともに、修道院解散後グレイフライアーズ修道院が破却されるまでは、その附属教会内のチャペルで安らかに眠っていたことがわかっている。

▼エラスムス（一四六九頃〜一五三六）　ネーデルラント出身の人文主義者（ヒューマニスト）。聖職者や王侯の偽善や腐敗を鋭く風刺した『愚神礼賛』を著した。

▼トマス・モア（一四七八〜一五三五）　イギリスの人文主義者。大法官としてヘンリ八世（一四九一〜一五四七、在位一五〇九〜四七）の離婚に反対し、反逆罪で処刑された。

キャサリンが眠っていた、ロンドンのグレイフライアーズ修道院（十六世紀）

⑤—家中の消費から読む社会的身分の差

家禽類と魚の消費に見る比較

さて最後に、ラングリィ家の家政会計記録を、同時代の他のジェントリ家政と比較することで、その位置付けを考えてみよう。

サージャントソン▲による中世考古学研究によれば、遺跡から出土した鳥類の骨片を分析すると、中世後期には地域差がでてくるものの、都市部や富裕な領主館などの一部では若鶏や雛鳥の消費が高まったという。しかしながら、もともと骨も含めて食事の残りなどは、日常的なごみと一緒に定期的に荷車に積んで、畑に捨てられていたから、正確なところはわからない。それらは結果的に堆肥となったわけだが、同時に家庭からでるあらゆるごみが含まれていた。もとは畑であった土地のごみを分析していくと、その中に含まれる陶器のかけらから、いつまでその畑にごみが定期的に捨てられていたのかがおおよそ判明する。ある時期以降の陶器のかけらがでてこない場合、その時期にその土地の用途が変わって畑でなくなった可能性が高い。例えば囲い込み▲によってそのよう

▼D・サージャントソン　イギリスの考古学者。著書に『鳥類　ケンブリッジ考古学マニュアル』(二〇〇九年)がある。

▼囲い込み　十五世紀末から十七世紀半ばにかけ、領主や地主が、開放耕地や共有地を生垣や塀で囲い込み、牧羊地に転換して収益の増大をはかった(第一次)。さらに、十八世紀から十九世紀にかけて、議会の承認のもと、穀物増産を目的として大規模な囲い込みが進み、農業資本家による資本主義的大農業経営が確立し(第二次)、開放耕地制をとる伝統的農村共同体はほとんどなくなった。

▼**D・J・ストーン**　イギリスの考古学・歴史学者。

な変化がしばしば起こっている。

アリス・ド・ブライアンの家政における家禽類の月別消費表（八五頁参照）と、ラングリィ家のそれとを比較してみよう。ストーン▲の研究によれば、アリス・ド・ブライアンの家政では、三月から四月にかけての四旬節期間中は、家禽類や卵は消費されていなかった。ハトは四月末から十一月半ばまで、ガチョウはおおよそ一一月から二月まで消費された一方で、去勢鶏や雛鳥・若鶏は、一年をつうじて消費されていた。表にはないが、ヨーロッパヤマウズラや白鳥は、十月後半から三月初めにかけて、キジは一月末に短期間のみ、サギ類は二月末から三月初めと、七月半ばから八月半ばに消費されていた。そこで食卓には、八月から十月はおもにハト、時おり雛鳥が供され、宴会などの時にはヨーロッパヤマウズラや白鳥が供された。十一月から二月はおもに去勢鶏とガチョウ、時おり雛鳥が供され、宴会時にはキジ、サギ、ヨーロッパヤマウズラや白鳥が供された。五月と六月はハトと雛鳥がおもで、時おり去勢鶏が供され、七月には雛鳥と時おりガチョウ、それに宴会時にはサギが供されていた。

ラングリィ家でも三月から四月にかけての四旬節期間中は、家禽類や卵は消

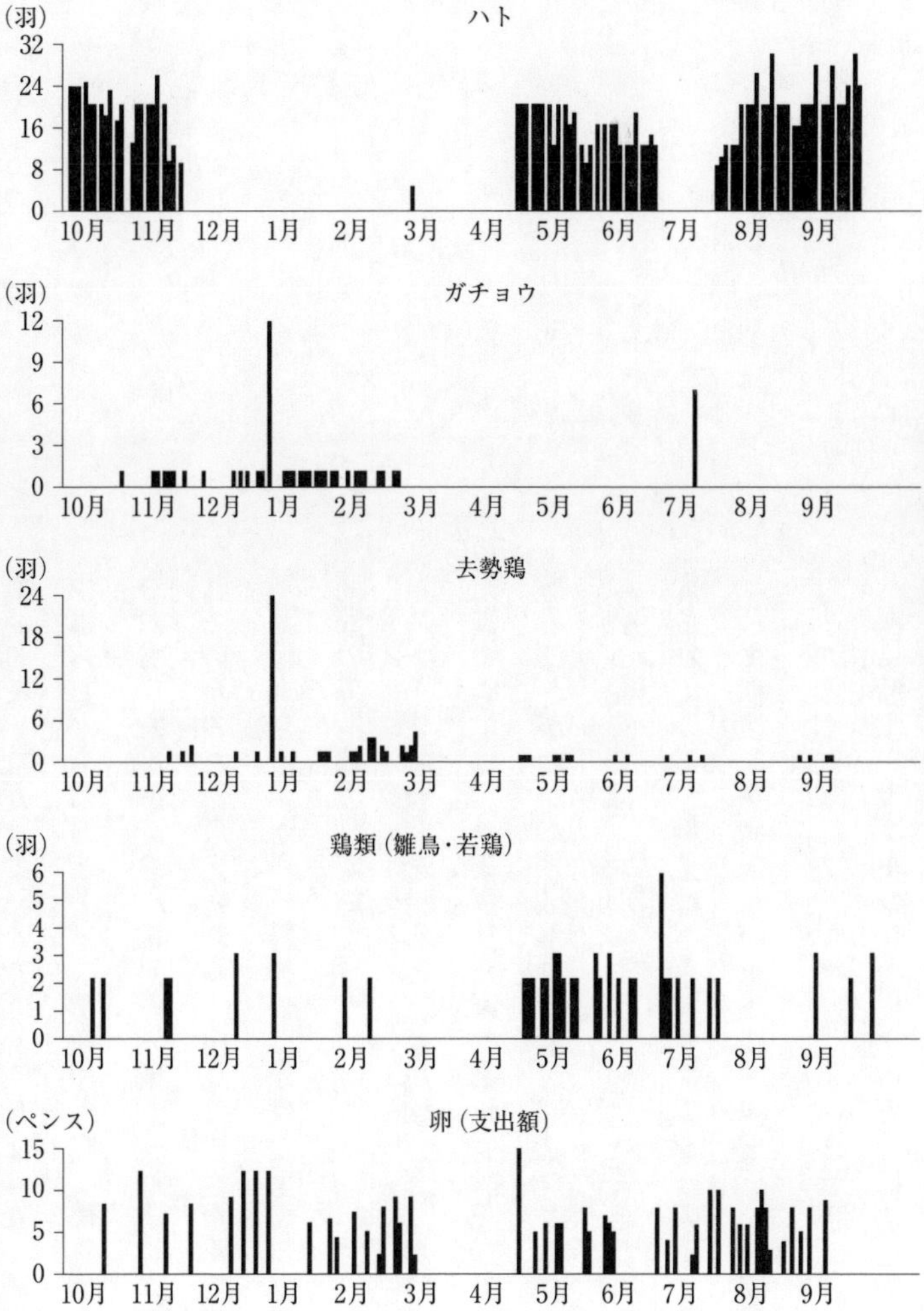

●アリス・ド・ブライアン家政における月ごとの家禽類消費(十月〜九月)

費されていなかった。ただ、ハトはまったく消費されていない一方で、ガチョウは六月から二月まで、去勢鶏や若鶏、雛鳥は四旬節を除くほぼ一年中、消費されていた。おそらく雛鳥や若鶏が、ハトにかわって主たる家禽として消費されていたのだと考えられる。白鳥はまったくでてこないが、ヨーロッパヤマウズラは九月後半から三月初めにかけて、ヤマシギが十二月末から一月末に、短期間のみ消費されていた。

ストーンの研究を見ると、家禽類、とりわけガチョウや去勢鶏、雛鳥の購入先については、ラングリィ家の家政会計記録で見てきた傾向とまったく同じであることがわかる。ノーフォーク、ブロムホルム小修道院の一四一五〜一六年の会計記録では、六羽、七羽といったまとまった単位で、女性から家禽類が購入されている。例えば、ウォリクッシャのジェントリであったサー・ウィリアム・マウントフォードの家政に一四三三〜三四年にかけて家禽を供給した者は、すべて女性であったという。

次にサージャントソンとウールガーによる中世イングランドの魚の消費に関する研究に拠りつつ、比較していこう。中世イングランドでは、内陸のどこで

●貴族（王族）の家政における淡水魚の消費

	ジョーン・ド・ヴァランス，ペンブルック女伯の家政		ジョーン・ホランド，ブルターニュ公夫人の家政
	1295〜96年	1296〜97年	1377〜78年
淡水魚とのみ記載	xx	xx	
小魚とのみ記載	xx	x	x
ブリーム（コイ科淡水魚）	x		x［？］
小ブリーム（ホワイト・ブリーム）			x
チャブ（コイ科ウグイ属）		x	x
デイス（コイ科ウグイ属）	x		
ウナギ	xx	xx	xx
ヤツメウナギ	x	xx	x
ヨーロッパカワヤツメ	xx	xx	xx
パーチ（スズキ）	x	x	xx
カワカマス	xx	x	x
カワカマスの幼魚			xx
ローチ（コイ科ローチ属）	x		xx
サケ	xx	xx	xx
チョウザメ			xx
テンチ（コイ科淡水魚）			xx
マス	xx		xx

1年間の会計記録に，x：1〜4回，xx：5回以上の記載があることを示す。

●貴族（王族）の家政における海水魚の消費

	ジョーン・ド・ヴァランス，ペンブルック女伯の家政		ジョーン・ホランド，ブルターニュ公夫人の家政
	1295〜96年	1296〜97年	1377〜78年
ニシン	xx	xx	xx
ニシン（魚粉）			xx
塩漬けニシン			xx
燻製ニシン			xx
アローズ（ニシン科の魚，シャッド）		x	
ニシキュウリウオ（ニシンの幼魚）	xx		xx
スプラットイワシ	xx		xx
タラ	xx	xx	x
小ダラ（タラの幼魚）			xx
干魚	x	xx	
スクレイス（干魚）			x
塩漬け魚（タラ）			xx
干ダラ	xx	xx	xx
ハドック（コダラ）	xx	x	xx
ヘイク（メルルーサ）		xx	
リング（タラ科）			xx
ホワイティング		x	
オヒョウ			x
アナゴ	xx	xx	xx
バス（スズキ科海産食用魚，シーバス）			x
マトウダイ	xx	x	
ホウボウ	xx		xx
サバ	xx	x	x
ボラ	x	x	x
ヒメジ			x
タイ		x	
ヒラメ・カレイの類の魚			xx
カレイ類	x	x	xx
シタビラメ	x		xx
カレイ	xx	xx	xx
ヒラメ	xx	x	xx
エイ	xx		x
ネズミイルカ			xx
クジラ			xx
ザルガイ・トリガイ			xx
ムール貝	x		xx
カキ	x		xx
マテガイ			x
ヨーロッパバイ	xx		xx
カニ			xx
クレヴィス（イセエビ亜目甲殻類，ウミザリガニ）	x		x
クレイ（イセエビ亜目甲殻類，イセエビ）	x		
ユメカサゴ			x
エビジャコ類 ※			x

1年間の会計記録に，x：1〜4回，xx：5回以上の記載があることを示す。
※現代の英語に対応する単語なし

あっても荷馬で沿岸から二日以上かかる場所はなかったから、イングランド全域にわたって新鮮な海水魚を手に入れることが可能だったという。しかしながら定期的かつ大量に供給するうえでは、保存技術の利用が大きな意味をもったから、広範囲に出回ったのは、燻製や塩漬けのニシン、塩漬けのタラや干ダラなどであった。発掘調査によれば、十二世紀までにはイングランド全域でニシンの骨がもっとも普遍的に見つかるものとなっているが、発掘結果を量的に見ると、ニシンよりもタラの骨がより多く出土していて、タラの消費のほうが多かったという。ついで大量に発見されるのは、ホワイティング、カレイ類であるという。一方、家政会計記録などから判明することは、身分が高く大規模な家政ほど、多種な魚や鮮魚が消費されているという。

貴族(王族)家政における魚の消費の表(八七頁)と比較すると、ラングリィ家の魚の消費は、種類でいえば海水魚が多いが、それでも約一七種と少なく、淡水魚のバラエティはもっと少ない。カキ、ムール貝、ザルガイ、ニシン(塩漬け、薫製、鮮魚を含む)、タラ(タラの頭、干ダラ、燻製、を含む)、タラ類、小ダラ、ホワイティング、カレイ、エイ、ヒラメ、シタビラメ、青魚、スプラットイワシ(塩漬け、燻製を含む)、サバ、赤ホウボウ、アナゴ、サケ、ウナギ、カワカマス、以上、約二〇種(内、淡水魚三種を含む)である。鮮魚の購入も珍しく、かえって「新鮮な」と家政会計記録にわざわざ記されるくらいであった。量的にはタラがもっとも多く、ついでカレイ類とニシンであった。またカキを大量に購入している点も特徴的である。このように見てくると魚の消費に関していえば、貴族や大規模な家政と比べるなら、ラングリィ家の生活水準はやや低いところに位置していたということがわかる。

ムルトン家とラングリィ家の比較

第一章で紹介したコスが十四世紀ではあるが、リンカンシャのジェントリであったムルトン家を対象に、ジェントリとしての生活様式の起源をあつかった本を書いている。ラングリィ家が年八ポンド一四シリングであったのに比して、ムルトンもまたアリス・ド・ブライアンとほぼ同じく、年約二〇ポンドの消費規模であった。そこで、コスの研究に拠りつつ、十四世紀ムルトン家の消費と十五世紀のラングリィ家の消費を比べてみよう。

ムルトン家では、牛肉、豚肉、羊肉や卵は、週初めに定期的に購入されている。また仔牛肉や子豚を時たま購入。家禽は定期的に購入されている。小鳩は一回のみ、ハム、ハギス（刻んだ羊や仔牛の内臓を胃袋に入れ煮込んだもの）、牛などの胸肉もごくまれに購入している。あまり定期的でないものは、鳥に関しては、チドリ、シギ、タヒバリなどである。

肉同様に多いのは、魚の購入であって、ニシン（塩漬け・干しニシン・鮮魚とも）、タラ、ツノガレイ、スプラットイワシがもっとも多い。カキ、ヨーロッパバイ貝、ボラも多い。サケは時季ものとして、またアナゴは一回だけ購入している。

淡水魚に関しては、カワカマス、ローチ（コイ科の淡水魚）が九月からクリスマスまで購入が見られる。またウナギ（川ヤツメウナギ）も購入している。

油脂類や香辛料などに関しては、バター、カラシ、ショウガ、コウリョウキョウ（バンウコン、ショウガ科の多年草）の根茎、ガランティーヌ▲用スパイスのきいたソースなどを購入し、コショウとサフランを、この期間をつうじて二回購入している。またロンドンの塩七ブッシェル（一ブッシェル＝約三六リットル）を

▼ガランティーヌ　シナモンや塩胡椒を用いたソース、またそれを使った魚や肉の料理のこと。

ムルトン家とラングリィ家の家族と使用人比較

ムルトン家（ジェントリ上層）	ラングリィ家（エスクワイア）
当主夫妻と子ども、使用人合計十数人	当主夫妻と先代夫人、使用人10人以下？

貴族層とムルトン家、ラングリィ家の家政比較

貴族層	ムルトン家（ジェントリ上層）	ラングリィ家（エスクワイア）
年100ポンド以上消費	年20ポンド消費	年8ポンド消費
大量のワインや上質のエール購入	ワインを定期的に購入	ワイン購入は少量・エールは自家醸造、パンも。
家政全体で大量に消費	あまり一定ではない	領主夫妻と使用人で別々の食材を消費？
ワインは日常的に消費	エール中心	エール中心
食材のバラエティが豊富で期間も長い	食材のバラエティが豊富	食材が限定的
多種にわたる猟獣・猟鳥（冬も）	冬は限定的	限定的
白鳥（2週に一度程度）	年数回と限定的	なし
淡水魚の鮮魚も	魚を大量に購入	ニューポートの養魚池から購入
香辛料の大量消費	香辛料の大量消費	香辛料の消費不明

十月二十三日に購入している。パンやエールの記載は通常見られないが、「モルト不足のため」エールを購入した記録がある。ワインは定期的に購入されているが少量にすぎない。

次に購入高で見てみると、支出が多かったのは、クリスマス週間であった。十二月十四日に、二〇〇〇匹のニシン、六〇匹の干しダラ、一二匹のボラを購入している。同じ週に、バター、カラシ、ショウガ、コウリョウキョウの根茎と、スプラットイワシ、カキ、ワイン、大量の小麦粉も購入している。クリスマス週間には、仔牛肉半身、小ダラ、ヤツメウナギ、ウナギ、それにチョウザメ、塩漬けの魚、バター、卵、牛肉、家禽、アーモンドと米などを購入している。一日の購入高として一番支出が多かったのは、四旬節にはいる前日の日曜日であった。模擬馬上槍試合でも開催していたのかもしれないという。ワイン六シリング九ペンス、牛肉などに九シリング半ペニー、ハムなどに二シリング四ペンス、ほかにサフラン、コショウ、イチジクやレーズン、アーモンド、砂糖、大量のロウソクなどを購入している。

全体としてみると、週ごとの支出はあまり一定ではない。領主夫妻が在宅しているかどうか、また来客数により異なり、一シリング六ペンスから、一ポンド六シリングまでさまざまであり、平均すると週当たり、二〜九シリングの間がほとんどであった。

ラングリィ家と比較すると、購入品目におけるバラエティの豊富さやスパイス消費がめだっている。ネズミイルカ、ムール貝、カワカマス、パーチ(スズキの類の淡水魚)などから、ヒバリ、マガモ、コガモ、小型のシギ、ガチョウ、サンカノゴイ(サギ科)、アオサギも見られた。またクリスマス後には、猟獣としてイノシシも購入している。ほかに、薄揚げやパンケーキ、洋なし、クローブ、メース(ナツメグを包む仮種皮を乾燥させたもの)、シナモン、ヒッチョウカ(コショウ科の常緑つる性植物の実)、フェンネル、大量のフルーツ類、オリーブオイルなども購入している。ついでいえば、魚の消費の多さがめだっている。一般的に週のうち、金曜・土曜そして水曜が魚、また四旬節期間中は魚となることが多い。ラングリィ家もほぼそのパターンであったが、ムルトン家はイングランドの東海岸ぞいに位置していたためか、例外的に月曜日と火曜日が魚の日であって、しかも一月〜二月には大量に魚を消費し、消費は多種にわたっていた。同じジェントリでも、十四世紀のムルトン家と、十五世紀のラングリィ家の消費にはこのように大きな差がみられた。

家中の消費から読む社会的身分

こうしてムルトン家、ラングリィ家の家政を比較してみると、大きな差がみられたが、しかしながら変わらないところもある。それはジェントリとしての生活様式であり、それはより大きくいうならばジェントリとしての行動様式ということである。二〇〇三年刊行の『ジェントリの起源』でコスは、中世イングランドを特徴づけるジェントリは十三世紀中期から十四世紀中期にかけて一つの社会階層として出現したことを説いた。その後二〇一〇年刊行の『ジェントリとしての生活様式の形成過程』でコスは、十四世紀のムルトン家の記録を素材として、「家名」と「所領(土地保有)」を誇り、ジェントリらしい生活を送ることで、地域のエリート集団としての階層的優越が目に見えるかたちで定着していく過程を描いた。

こうして出現したジェントリとしての生活様式は、十五世紀のエセクスにおけるジェントリ家系に属するラングリィ家にも脈々と続いて共有されていたことが、家政会計記録からは読み取れる。

本書では、ここまでジェントリの家政会計記録という史料を読み解く旅を続けてきた。そこから明らかになったことは、中世のジェントリの生活様式だけではない。ふつう、人は一人では生きていけない。他者とかかわり、他者に手助けしてもらうことでなんとか生活できている。上はエセクス伯から、料理頭サイモン、雛鳥を納入したベアトリス・キングや、カキや魚を運んだ名もない馬丁に、桶を修理した樽職人、それに身の回りの世話をする奉公人たちやアラン・ハーパーのような農夫たちがいたからこそ、ラングリィ家のキャサリンとヘンリの生活はやってゆくことができた。ジェントリという存在とその生活様式は、歴史の表舞台には決して登場しない無数の他者がいてはじめて成立するものだった。ラングリィ家の家政会計記録を読み解くことによって、ジェントリの生活を支えていた無名の人々の姿が、少しとはいえ明らかになった。こうしたジェントリの史料をとおして、われわれは中世イングランドの社会とその営みの一端を理解することが可能となるのである。

参考文献

青山吉信編『世界歴史大系　イギリス史（一）――先史～中世』山川出版社、一九九一年。

青山吉信『聖遺物の世界――中世ヨーロッパの心象風景』山川出版社、一九九九年。

朝治啓三、江川温、服部良久編著『西欧中世史　下――危機と再編』ミネルヴァ書房、一九九五年。

新井由紀夫『ジェントリから見た中世後期イギリス社会』刀水書房、二〇〇五年。

コニー・ウィリス（大森望訳）『ドゥームズデイ・ブック』ハヤカワSF文庫、二〇〇三年。

川北稔編『新版世界各国史　イギリス史』山川出版社、一九九八年。

河原温、堀越宏一『図説中世ヨーロッパの暮らし』河出書房新社、二〇一五年。

ジョゼフ・ギース、フランシス・ギース（青島淑子訳）『中世ヨーロッパの農村の生活』講談社、二〇〇八年。

フランシス・ギース、ジョゼフ・ギース（三川基好訳）『中世の家族――パストン家書簡で読む乱世イギリスの暮らし』朝日新聞社、二〇〇一年。

城戸毅『百年戦争――中世末期の英仏関係』刀水書房、二〇一〇年。

木村尚三郎編『世界の戦争（五）中世と騎士の戦争――ジャンヌ・ダルクと百年戦争』講談社、一九八五年。

木村尚三郎編『学問への旅――ヨーロッパ中世』山川出版社、二〇〇〇年。

エドマンド・キング（吉武憲司監訳）『中世のイギリス』慶應義塾大学出版会、二〇〇六年。

ヒュー・クラウト編（中村英勝監訳）『ロンドン歴史地図』東京書籍、一九九七年。

ラルフ・グリフィス編（北野かほる監訳）『オックスフォード・ブリテン諸島の歴史　第五巻　十四・十五世紀』慶応義塾大学出版会、二〇〇九年。

近藤和彦編『イギリス史研究入門』山川出版社、二〇一〇年。

佐藤彰一、高山博、池上俊一編『西洋中世学入門』東京大学出版会、二〇〇五年。

社本時子『中世イギリスに生きたパストン家の女性たち』創元社、一九九九年。

甚野尚志、堀越宏一編『中世ヨーロッパを生きる』東京大学出版会、二〇〇四年。

スティヴンソン（中村徳三郎訳）『二つの薔薇』岩波文庫、一九五〇年。

鶴島博和『バイユーの綴織を読む――中世のイングランドと環海峡世界』山川出版社、二〇一五年。

ジョセフィン・テイ（小泉喜美子訳）『時の娘』早川書房、一九七七年。

アイリーン・パウア（三好洋子訳）『中世に生きる人々』東京大学出版会、一九六九年。

アイリーン・パウア（M・M・ポスタン編集、中森義宗、阿部素子共訳）『中世の女たち』思索社、一九七七年。

マルカム・フォーカス、ジョン・ギリンガム（中村英勝・森岡敬一郎・石井摩耶子訳）『イギリス歴史地図』（改訂版）東京書籍、一九九〇年。

ヒュー・ブラウン（小野悦子訳）『英国建築物語』晶文社、一九八〇年。

J・C・ホウルト（城戸毅監訳）『中世イギリスの法と社会――J＝C＝ホウルト歴史論集』刀水書房、一九九三年。

J・C・ホウルト（有光秀行訳）『ロビン・フッド――中世のアウトロー』みすず書房、一九九四年。

M・M・ポスタン（保坂栄一、佐藤伊久男訳）『中世の経済と社会』未来社、一九八三年。

三好洋子『イギリス中世村落の研究』東京大学出版会、一九八一年。

森本英夫『中世フランスの食』駿河台出版社、二〇〇四年。

森本芳樹『中世農民の世界——甦るプリュム修道院所領明細帳』岩波書店、二〇〇三年。

ウィリアム・ラングランド（池上忠弘訳）『農夫ピアズの幻想』中央公論社、一九九三年。

Backhouse, J., *The Luttrell Psalter,* London, 1989.

Buckland, F. T., *A Familiar History of the British Fishes*, London, 1859.

Coss, P., *The Origins of the English Gentry*, Cambridge, 2003.

Coss, P., *The Foundations of Gentry Life : the Multons of Frampton and their World, 1270–1370*, Oxford, 2010.

Duffy, E., *The Stripping of the Altars: Traditional Religion in England, c.1400–c.1580*, New Haven/London, 1992.

Dyer, C., *Standard of Living in the Later Middle Ages: Social Change in England, c.1200–1520*, Cambridge, 1989.

Emery, A., *Greater Medieval Houses of England and Wales, 1300–1500, vol.2: East Anglia, Central England and Wales*, Cambridge, 2000.

Houghton, W., *British Fresh-Water Fishes*, London. 1879.

Kingsford, C. L., *The Grey Friars of London; their History with the Register of their Convent and an Appendix of Documents*, Aberdeen, 1915.

Maddicott, J. R., "Follower, Leader, Pilgrim, Saint: Robert de Vere, Earl of Oxford, at the Shrine of Simon de Montfort, 1273",

English Historical Review, 109 (1994), pp.641–653.

Redstone, V. B., (ed.), *The Household Book of Dame Alice de Bryene of Acton Hall, Suffolk : September 1412 to September 1413*, Bungay, 1984.

Swabey, F., *Medieval Gentlewoman: Life in a Widow's Household in the Later Middle Ages*, Stroud, Gloucestershire, 1999.

Taylor, R., *How to Read a Church: a Guide to Images, Symbols and Meanings in Churches and Cathedrals*, London, 2003.

Tomlinson, A., *The Medieval Face*, London, [1974].

Urwick, T. A. and W., *Records of the Family of Urswyk, Urswick, or Urwick*, London.1893, rep., Dehli, 2008.

West, J., *Telltale: Medieval Realms no.2 c.1066–c.1500*, Huntingdon, Cambs, 1990.

Wood, M., *The Story of England*, London, 2010.

Woolgar, C. M., (ed.), *Household Accounts from Medieval England*, Oxford, 1992–93.

Woolgar, C. M., *The Great Household in Late Medieval England*, New Haven/London, 1999.

Woolgar, C. M., D.Serjeantson, T.Waldron, (eds.), *Food in Medieval England: Diet and Nutrition*, Oxford, 2006.

図版出典一覧

J. Backhouse, *The Luttrell Psalter*, British Library, London, 1989. *17, 56, 57* 上・中, *60*
F. T. Buckland, *A Familiar History of the British Fishes*, London, 1859. *50*
C. Dyer, *Standard of Living in the Later Middle Ages: Social Change in England, c.1200–1520*, Cambridge, 1989. *20*
A. Emery, *Greater Medieval Houses of England and Wales, 1300–1500*, vol.2, Cambridge, 2000. *34*
S. G. Goodrich, *Illustrated Natural History of the Animal Kingdom*, vol.2, New York, 1859. *59*
M. Hicks, *Warwick the Kingmaker*, Oxford, 1998. *77*
L.Simon, *Of Virtue Rare: Margaret Beaufort, Matriarch of the House of Tudor*, Boston, Mass., 1982. *75*
F. Swabey, *Medieval Gentlewoman: Life in a Widow's Household in the Later Middle Ages*, Stroud, Gloucestershire, 1999. *63* 下
A. Tomlinson, *The Mediaeval Face*, London, 1974. *76*
N. Tonge, P. Hepplewhite, *Medieval Realms: 1066-1500 (Key History for Key Stage 3)*, Cheltenham, Gloucestershire, 1997. *10* 右
T. A. and W. Urwick, *Records of the Family of Urswyk, Urswick, or Urwick*, London.1893, rep., Dehli, 2008. *32*
R. Weinstein, *Tudor London*,1994. *12* 左
J. West, *Telltale: Medieval Realms no.2 , c.1066–c.1500*, Huntingdon, Cambs, 1990 *14*
M. Whittock, *The Pastons in Medieval Britain (History Eyewitness)*, Oxford, 1993. *23*
C.M. Woolgar, *The Great Household in Late Medieval England*, New Haven/London, 1999. *54*
C.M. Woolgar, D. Serjeantson, T. Waldron, *Food in Medieval England: Diet and Nutrition*, Oxford, 2006. *57* 下, *71*
Yorkshire Archaeological Society, Cleamont, Leeds 提供 *33*
佐々井真知氏提供 *11, 21, 25* 上, *36, 68*
著者提供 カバー裏, 扉, *3, 5, 45, 79*
ユニフォトプレス提供 カバー表, *10* 左, *12* 右, *13, 25* 下, *47, 49, 52, 55, 63* 上・中, *74, 82*

世界史リブレット 105
中世《ちゅうせい》のジェントリと社会《しゃかい》

2020年7月5日　1版1刷印刷
2020年7月15日　1版1刷発行

著者：新井由紀夫《あらいゆきお》

発行者：野澤伸平

装幀者：菊地信義＋水戸部功

発行所：株式会社 山川出版社

〒101-0047　東京都千代田区内神田1-13-13
電話　03-3293-8131(営業)　8134(編集)
https://www.yamakawa.co.jp/
振替　00120-9-43993

印刷所：明和印刷株式会社

製本所：株式会社 ブロケード

世界史リブレット　第Ⅲ期［全36巻］

〈白ヌキ数字は既刊〉

93 古代エジプト文明――近藤二郎
94 東地中海世界のなかの古代ギリシア――岡田泰介
95 中国王朝の起源を探る――竹内康浩
96 中国道教の展開――横手　裕
97 唐代の国際関係――石見清裕
98 遊牧国家の誕生――林　俊雄
99 モンゴル帝国の覇権と朝鮮半島――森平雅彦
100 ムハンマド時代のアラブ社会――後藤　明
101 イスラーム史のなかの奴隷――清水和裕
102 イスラーム社会の知の伝達――湯川　武
103 スワヒリ都市の盛衰――富永智津子
104 ビザンツの国家と社会――根津由喜夫
105 中世のジェントリと社会――新井由紀夫
106 イタリアの中世都市――亀長洋子
107 十字軍と地中海世界――太田敬子
108 徽州商人と明清中国――中島楽章
109 イエズス会と中国知識人――岡本さえ
110 朝鮮王朝の国家と財政――六反田豊
111 ムガル帝国時代のインド社会――小名康之
112 オスマン帝国治下のアラブ社会――長谷部史彦
113 バルト海帝国――古谷大輔
114 近世ヨーロッパ――近藤和彦
115 ピューリタン革命と複合国家――岩井　淳
116 産業革命――長谷川貴彦
117 ヨーロッパの家族史――姫岡とし子
118 国境地域からみるヨーロッパ史――西山暁義
119 近代都市とアソシエイション――小関　隆
120 ロシアの近代化の試み――吉田　浩
121 アフリカの植民地化と抵抗運動――岡倉登志
122 メキシコ革命――国本伊代
123 未完のフィリピン革命と植民地化――早瀬晋三
124 二十世紀中国の革命と農村――田原史起
125 ベトナム戦争に抗した人々――油井大三郎
126 イラク戦争と変貌する中東世界――保坂修司
127 グローバル・ヒストリー入門――水島　司
128 世界史における時間――佐藤正幸